2022/2023
中国“一带一路”人文与外交发展报告

Annual Report on Cultural Diplomacy of China's Belt and Road Initiative in 2022/2023

主　编◎张耀军　侯宇翔

世界知识出版社

图书在版编目（CIP）数据

2022/2023中国“一带一路”人文与外交发展报告/张耀军，侯宇翔主编. -- 北京：世界知识出版社，2024.6

ISBN 978-7-5012-6726-2

Ⅰ. ①2… Ⅱ. ①张… ②侯… Ⅲ. ①“一带一路”—文化交流— 研究报告—中国—2022-2023 Ⅳ. ①G125

中国国家版本馆CIP数据核字（2024）第013841号

书　　名	**2022/2023 中国“一带一路”人文与外交发展报告** 2022/2023 Zhongguo “Yidai Yilu” Renwen Yu Waijiao Fazhan Baogao
主　　编	张耀军　侯宇翔
策划编辑	曾伏华
责任编辑	李筱逸
责任出版	赵　玥
责任校对	张　琨
出版发行	世界知识出版社
地址邮编	北京市东城区干面胡同51号（100010）
网　　址	www.ishizhi.cn
电　　话	010-65233645（市场部）
经　　销	新华书店
印　　刷	北京盛通印刷股份有限公司
开本印张	710毫米×1000毫米　1/16　13⅞印张
字　　数	220千字
版次印次	2024年6月第一版　2024年6月第一次印刷
标准书号	ISBN 978-7-5012-6726-2
定　　价	128.00元

本书为北京第二外国语学院专著出版资助项目

编辑委员会

前　言

2023年3月，习近平总书记在中国共产党与世界政党高层对话会上提出全球文明倡议。这是新时代文明交流互鉴观的最新成果，是中国向全球提供的又一项重要的国际公共产品。2023年是共建“一带一路”倡议提出10周年。作为一项深具历史文化底蕴的国际合作倡议，共建“一带一路”倡议顺应各国人民文化包容共存、文明交流互鉴的期待，推动共建“一带一路”人文交流和民心相通不断取得进步，为践行全球文明倡议、构建人类命运共同体注入强劲的人文合作动力。

《中国“一带一路”人文与外交发展报告》是国内首部聚焦共建“一带一路”人文交流与文明互鉴的专题类年度著作。2022/2023年报告围绕百年变局背景下如何更好地推进中外人文交流进行探讨。报告共涵盖两大部分，总报告聚焦全球文明倡议，分报告关注共建“一带一路”人文交流、人才培养、语言文化、安全思考等议题。

总报告提出，中国以超越地缘政治思维和大国战略博弈的“天下一家”格局，创造性地提出全球文明倡议。倡议根植于中华优秀传统文化，有利于促进“一带一路”民心相通，维护世界和平稳定发展。为推动全球文明倡议行稳致远，积极发挥中国在推动构建全球文明新秩序中的负责任大国作用，未来应继续加大对核心话语表达的阐释力度，加强全球文明倡议对外话语体系和叙事体系建设，深入开展青年外交等活动。

分报告则从人文交流、人才培养、语言文化、安全思考等方面深入探讨共建“一带一路”人文交流合作的具体实践路径。在人文交流方面，报告重点探析如何突出青年群体的主体作用，丰富人文交流内容，拓展合作渠道，以促进各国青年相知相亲，共同推动人类文明的发展进步。在人才培养方面，报告建议从数字时代的快速发展入手，以高校为依托基地，积极推广国际中文教育，为国家发展打造一支高素质、国际化的语言人才队伍。在语言文化方面，针对共建“一带一路”需要语言铺路的紧迫现实，报告探讨文化自信驱动下的“一带一路”语言规划，阐述全球语言认同的发展历程和未来走向，并从区域国别学的视角分析中国参与全球语言治理面临的挑战与应对路径。此外，报告还从风险防范的角度出发，探讨美国国家安全战略报告的政治隐喻议题、共建“一带一路”公共卫生治理体系、全球安全治理新趋势，以及美日印澳“四边机制”等影响共建“一带一路”安全发展的重要议题。

CONTENTS

目　录

第一部分　总报告

第二部分　人文交流篇

第三部分 人才培养篇

第四部分 语言文化篇

第五部分 安全思考篇

第一部分

总 报 告

焦思盈 *

全球文明倡议的三重逻辑意蕴和实践路径研究

〔摘　要〕全球文明倡议作为中国提出的又一重要国际公共产品，是新时代文明交流互鉴观的最新成果，为推动人类文明进步提供了中国方案、中国智慧、中国力量。全球文明倡议根植于中华优秀传统文化，具有深厚的理论逻辑、价值逻辑和实践逻辑，不仅是维护世界和平稳定发展的重要支柱，更是促进“一带一路”民心相通的坚实保障。为推动全球文明倡议行稳致远、走深走实，未来应继续加大对核心话语表达的阐释力度，夯实“一带一路”民心相通基础，加强全球文明倡议对外话语体系和叙事体系建设以及深入开展青年外交实践，以发挥中国在推动构建全球文明新秩序中的负责任大国作用。

〔关键词〕全球文明倡议；文明交流互鉴；“一带一路”民心相通

一、引言

当今世界，多重挑战和危机交织叠加，世界经济复苏艰难，发展鸿

* 焦思盈，中国外文局当代中国与世界研究院对外传播研究中心助理研究员，主要研究方向为国际传播理论与实践、战略传播体系、“一带一路”人文外交。

沟不断拉大，生态环境持续恶化，人类发展再一次走到了十字路口。乌卡时代，人类文明面临严重的秩序危机，深化文明交流互鉴已成为促进全球发展稳定的重要途径。面对人类文明何去何从的历史之问，中国以超越地缘政治思维和大国战略博弈的“天下一家”格局，创造性地提出全球文明倡议，倡导尊重世界文明多样性、倡导弘扬全人类共同价值、倡导重视文明传承和创新、倡导加强国际人文交流合作，为构建全球“文明新秩序”提供了中国智慧、中国方案、中国力量。这一倡议具有丰富的逻辑意蕴和理性思辨，是中华优秀传统文化时代化、创新化发展的精髓。

本文系统梳理全球文明倡议的学理基础和深刻内涵，深入分析全球文明倡议的三重逻辑意蕴，以期为深化中外文明交流互鉴、促进“一带一路”民心相通、构建人类命运共同体提供实践路径。

二、世界文明走向融合的历史必然性

文明是指某一特定的人类集群所特有的生活方式，以及与之相应的特定社会政治形态和宗教、哲学、文学、艺术样态。文明是某个特定空间内经过长时段演化而形成的文化标记、文化记忆的累积。①广义的“文明”与“文化”同义，指人类在历史上创造的物质文明、制度文明与精神文明的总和。

回顾人类文明的演进史，文明之间如果一味采取对抗姿态，只会不可避免地走向衰落。只有选择交融互鉴，才会产生璀璨的文明成果。走向融合是人类文明发展的客观规律。历史长河中，文明之间的相互吸收和借鉴产生了一连串有益于人类文明发展的涟漪效应，人类文明史就是互相借鉴的过程。当前，随着西方国家应对全球治理问题的动力日渐式微，涵盖“理性”“科学”等特征的现代文明秩序根基开始动摇，人类社会正面临一场新的文明秩序危机，具体表现在两个方面。其一，部分

① 高佳红、贺东航：《新时代人类文明交流互鉴的话语体系构建》，《学术探索》2022年第7期。

西方国家奉行西方文明中心主义，在不同文明间制造矛盾，文明间的分歧在全球发展失衡的刺激下被不断激化，人类文明和谐发展的基础受到侵蚀，面临严重的内部撕裂和发展鸿沟。其二，近年来人工智能技术飞速发展，大国战略博弈背景下的每个国家都面临着囚徒困境，为了获得技术先发优势，AI 技术出现了野蛮生长的不可控趋势，可能引发两种截然不同的后果：从积极的视角看，人类未来或将迎来“人类-人工智能”的“人-机”共生时代，即人机各有所长、互为补充；从消极的视角看，人类未来或将迎来“人-机”对抗时代，即机器产生自主意识，摆脱人类控制。人类作为文明演进的主体，当前必须克服文明之间的差异性所带来的冲突与对立，团结起来，共同努力构建生态秩序稳定可控的智能社会。ChatGPT 等 AI 技术已经显示出明显的双刃剑属性。如果人类社会足够团结，那么 AI 将会是促进各行业智能化转型进而提高社会生产力的有力工具；如果人类社会产生内部分裂，那么 AI 极有可能被以反伦理道德的方式利用，最终成为终结人类文明的刽子手。

长久以来，人类文明秩序建立的根基是弱肉强食的“丛林法则”，强势文明挤占弱势文明的生存空间，呈现文明极化发展的特征。人类文明秩序亟待重塑，以应对即将到来的全球性挑战。当前，世界已经成为你中有我、我中有你的命运共同体，单边主义、霸权主义无法给人类文明发展进步带来任何正面影响，只会加剧紧张关系。全球文明最终走向融合将会是人类在经济学“理性人”假设下作出的趋利性选择。在变革和动荡中重建全球“文明新秩序”，以全人类共同价值为旨归，最终走向各个文明和而不同、平等对话、交流互鉴、美美与共，体现了包容性、公正性、平等性的人类文明新形态。

三、全球文明倡议的三重逻辑意蕴

2023 年 3 月 15 日，习近平总书记在中国共产党与世界政党高层对话会上的主旨讲话中首次提出“全球文明倡议”。全球文明倡议以“四个共同倡导”为主要内容：第一，共同倡导尊重世界文明多样性，坚持文明平等、互鉴、对话、包容，以文明交流超越文明隔阂、文明互鉴超越文明冲突、文明包容超越文明优越；第二，共同倡导弘扬全人类共同价值，和平、发展、公平、正义、民主、自由是各国人民的共同追求，要以宽广胸怀理解不同文明对价值内涵的认识，不将自己的价值观和模式强加于人，不搞意识形态对抗；第三，共同倡导重视文明传承和创新，充分挖掘各国历史文化的时代价值，推动各国优秀传统文化在现代化进程中实现创造性转化、创新性发展；第四，共同倡导加强国际人文交流合作，探讨构建全球文明对话合作网络，丰富交流内容，拓展合作渠道，促进各国人民相知相亲，共同推动人类文明发展进步。①

全球文明倡议旨在推动全球文明交流互鉴，"四个共同倡导"之间具有内在的逻辑关联，分别从不同维度回应了推动全球文明交流互鉴的具体要求。其中，尊重世界文明多样性是前提和基础，共同价值是价值引领，文明传承和创新是内容要求，加强国际人文交流合作是实现途径。全球文明倡议深刻反映了人类文明发展的客观规律，是对各国人民加强团结协作、携手应对共同挑战迫切诉求的及时回应；是对世界各国坚持平等包容、守护世界文明多样性普遍愿望的积极呼应；是对国际社会增进文明对话交流、促进文化繁荣发展共同需求的自觉顺应；是对当今各国推动文明发展进步、共同构建人类命运共同体时代潮流的真挚响应。②全球文明倡议是继全球发展倡议、全球安全倡议后，新时代中国为国际社会提供的又一重要公共产品，能为推动人类现代化进程、推动构建人类命运共同体注入强大动力。

1. 理论逻辑：中华文化的"和合"思想

中华文明是人类文明的发展源头之一。在应对战争分裂、族群差异、文化冲击等历史重大事件的过程中，中华民族保持了国家的统一、民族的融合、文化的和谐以及传统的延续，形成了统一、连续、和谐的民族

---

① 《习近平在中国共产党与世界政党高层对话会上的主旨讲话（全文）》，中国政府网，http://www.gov.cn/xinwen/2023-03/15/content_5746950.htm，访问日期：2023 年 4 月 1 日。

② 刘建超：《积极落实全球文明倡议　合力推动人类文明进步》，求是网，http://www.qstheory.cn/dukan/qs/2023-04/01/c_1129477739.htm，访问日期：2023 年 4 月 1 日。

共同体和政治文明体。这一事实表明，中华文明具有极强的生命力与稳定性。[①]全球文明倡议根植于中华优秀传统文化中的“和合”思想。“和合”思想是文明交流互鉴主张的来源之一，是人类文明发展进步的重要动力，揭示了文明演进的规律。“和合”思想博大精深，基本内涵可概括为：和实生物、和而不同、兼收并蓄、和衷共济、天人合一等几个方面。

“和合”思想以“和而不同”为核心理念。费孝通先生认为“和而不同”首先是要承认“不同”，但是要“和”，这是保持世界文明多样性的必由之路，否则将会出现纷争；如果只强调“同”而不能“和”，把所有文明放在同一套标准下考量，那只能把文明推向毁灭。“和而不同”是人类共同生存的基本条件，更加符合人类迈向光明未来的大趋势。[②]费孝通先生晚年提出的“各美其美，美人之美，美美与共，天下大同”表达了对未来的理想，就是希望人们在欣赏本民族文明的同时，也能欣赏、尊重其他民族的文明。“美美与共”是人类文明共生理念的基础所在。不同文化相处之道的逻辑也是人类文明多样性维持和发展的基础。同时，“和合”思想以“天人合一”为旨归。“天人合一”是“和合”思想的终极目标。[③]中华民族历来讲求“天下一家”，主张民胞物与、协和万邦、天下大同，憧憬“大道之行，天下为公”的美好世界。“天人合一、世界大同”的整体思维使得中华文化具有了包容非华夏民族文化的基因，形成了兼收并蓄、互相借鉴、取长补短的鲜明特征。

2. 价值逻辑：文明异质性是推动人类文明进步的动力

马克思主义文明观关注文明与进步之间的普遍联系，注重揭示文明异质性，主张人类文明进程是多种文明的协同进步。文明差异客观存在，文明异质性并非世界冲突分裂的根源，而是推动人类文明发展进步的原动力，这是全球文明倡议的核心价值取向。不同文明之间的相互交流、

① 曹润青：《中华文明独特的“文明”意识》，《光明日报》2022年6月20日，第15版。

② 费孝通：《费孝通集》，中国社会科学出版社，2005，第463页。

③ 惠春琳：《文明交流互鉴的理论逻辑与实践启示》，《山东大学学报（哲学社会科学版）》2022年第2期。

借鉴与融合，已经成为世界和平稳定发展的客观需求和有力保障。如何看待和利用文明之间的差异性，体现了中西方对待异质文明共存之道截然不同的逻辑。

在西方霸权话语体系下，文明冲突论和历史终结论都主张以西方文明取代世界其他文明。西方文明以自我为中心并采用二分法原则，按照地理位置、意识形态、宗教信仰等因素，把世界分成“中心”和“边缘”，西方具有唯一的“合法性”，西方以外的地方都被视为“其余部分”。[①] 纵观人类几百年的现代化进程，“现代化=西方化”的观念长期限制着人们的思维，否定了人类文明发展的多样性。以西方文明规则为绝对标准必将带来对异质文明的偏见，这种傲慢和偏见是阻碍人类文明进步的最大挑战。反观中国，作为多元文化和谐共生的新型文明观和共建人类文明新秩序的现实方案，人类命运共同体理念超越了“西方文明中心论”基于单一民族或国家利益的狭隘视角，为人类文明发展指明了方向。历史经验表明，东西方文明最具创造性且充满活力的时代，往往正是各种异质文明碰撞与冲突最剧烈的时代。从古代“丝绸之路”到当代“一带一路”的新旧丝路变迁，不仅集中体现了人类文明发展进步的历史逻辑，而且彰显了中华文明与其他文明“和衷共济”的世界观照。古代丝绸之路见证了东西方不同文明之间的相互吸引，更是古代东西方不同文明形态的冲突与融合之路。[②]

3. 实践逻辑：以文明对话代替文明冲突

文明互鉴的程度及方式是一个国家和社会进步的衡量尺度，是推进社会发展转型的核心因素。文明交往具有内在的必然性和必要性。文明的普遍交往是生产力发展的必然结果，文明的传承与创新需要彼此间的交流互鉴。[③] 全球文明倡议遵循文明平等交往的准则，强调以文明对话代替文明冲突的实践逻辑。

---

① 李怀亮：《人类命运共同体理论与国际软实力格局的重构》，《红旗文稿》2017 年第 21 期。

② 刘志刚：《从“文明冲突论”到人类命运共同体——中西方对待文明冲突的不同逻辑》，《学术界》2021 年第 10 期。

③ 吴志成、李佳轩：《新时代文明交流互鉴观析论》，《世界经济与政治》2022 年第 6 期。

亨廷顿的“文明冲突论”认为，文明的冲突将代替意识形态冲突成为未来世界冲突的主要形式和全球政治的主要内容，未来战争将沿着文明间的断裂带展开，西方文明和非西方文明以及非西方文明之间的冲突在所难免。文明冲突论凸显了狭隘的二分法，将世界文明按照“进步-落伍”“文明-野蛮”“西方-非西方”进行简单划分。然而在同时期，杜维明提出“21 世纪是文明对话的世纪”。“文明对话”是杜维明针对全球化时代人类文明如何发展的重大问题提出的一个思想解决方案。“文明对话论”是一种更能给人类带来和平与发展福音的全球政治与文化理论。① “文明对话论”认为，文明之间应该保持平等协商的关系，在互相参照、互相学习的同时进行自我反思，取长补短。对话是全球化过程中各种不同民族文化能够和谐共存的必要条件，如果没有对话，就会出现霸权宰制现象。②

当前，中国式现代化开启文明“各美其美”的前景，通过内敛、并联、和平方式实现，推动文明的共同复兴，开创文明新秩序。③ 近期，中国通过积极斡旋成功促成沙特和伊朗复交，中东多国开始走向和解。中国充分发挥负责任大国作用，为促进中东地区安全与稳定、开启人类文明交流新篇章作出了重要贡献。

4. “一带一路”是全球文明倡议三重逻辑意蕴的辩证统一

在和平赤字、发展赤字、信任赤字、治理赤字有增无减，人类社会面临严峻挑战的当下，共建“一带一路”倡议所展现的天下情怀、开放气度、共赢精神更加凸显了其时代价值。共建“一带一路”倡议架设了东西方文明交流对话的桥梁。2023 年是共建“一带一路”倡议提出 10 周年。10 年来，“一带一路”发展蹄疾步稳，“朋友圈”不断扩大，取得了丰硕成果。全球已有超过 3/4 的国家加入“一带一路”国际合作倡

① 吴根友：《杜维明的“文明理论”及其展开的可能性》，《社会科学战线》2021 年第 6 期。

② 杜维明：《文明对话的发展及其世界意义》，《南京大学学报（哲学·人文科学·社会科学版）》2003 年第 1 期。

③ 王义桅：《回应“世纪期待”：构建人类命运共同体的中国贡献》，光明网，https://theory.gmw.cn/2023-03/12/content_36424146.htm，访问日期：2023 年 4 月 2 日。

议。截至 2022 年年底，中国已与 150 个国家、32 个国际组织签署 200 余份共建“一带一路”合作文件。

从理论逻辑层面来看，共建“一带一路”开放包容、兼容并蓄的丝路精神，正是中华文化中“和合”思想时代化发展的体现。共建“一带一路”倡议在贸易、科技、教育、医疗、旅游、减贫等领域深入开展合作，已经成为沿线各国人民的致富路、幸福路、友谊路。共建“一带一路”倡议是推动构建人类命运共同体的现实路径，“一带一路”建设也深化了中华文明与人类文明的融汇，其蕴含的理念与展现的版图，是中国从全球视野、整体性思维层面，从全球治理实践角度，以不同文明之间的和谐共生为起点，客观应对人类文明格局走向，并对人类文明发展作出的中国判断，为实现全人类共同价值、构建人类命运共同体提供了中国智慧、中国方案，是对世界文明的中国贡献。① 从价值逻辑层面来看，丝绸之路是东西方交流的标志性符号。作为人类历史上规模最大的交流大通道，古丝路联结佛教、基督教和伊斯兰教等世界主要宗教文明，跨越亚欧大陆农耕定居、草原游牧、高原渔猎、海洋商业、沙漠绿洲等多个文化形态，融汇沟通了人类自“轴心时代”开始形成的精神文化之源。② 共建“一带一路”倡议把文明异质性当作文明交流互鉴的基础和起点，力求奏响国际合作的“大合唱”。这种兼容并包、美美与共的价值取向，超越了单纯以利益为导向、以地缘战略为目的的国际合作机制。从实践逻辑层面来看，“一带一路”是一条文明对话之路。文明交流互鉴不仅是中国特色社会主义文明的重要内容，而且是中国参与全球治理实践的理论探索与现实回应。民心相通是检验共建“一带一路”倡议成效的试金石，“心联通”是最深层次、最高程度、最广范围的互联互通。“一带一路”倡议充分发挥各种人文交流资源和平台作用，全面推进人文各领域的互通合作，增进各国人民的了解、友谊和感情，塑造着多元共生、多态共融的文明交流格局。

---

① 肖燕飞：《“一带一路”文明交流互鉴：构建人类命运共同体的中国贡献》，《社会科学家》2022 年第 9 期。

② 张耀军、邱鸣：《“一带一路”文明之路是构建人类命运共同体的必由之路》，《人民论坛》2019 年第 28 期。

四、全球文明倡议的具体实践路径

全球文明倡议是中国式现代化、共建“一带一路”倡议和人类命运共同体的自然延伸，是构建文明新秩序的具体实践路径和价值旨归。近年来，中华文化的国际影响力大幅提升，据《中国民主实践与现代化发展全球调查报告 2022》数据显示，中华文化的国际影响力获得了国际社会的进一步认同。来自 23 个国家的受访者对中华文化国际影响力的平均认可度达到了 88.5%，较 2021 年提升 3.8%，发达国家受访者的认可度上升幅度则超过 8%，他们认为中华优秀传统文化得到了有效传承和创新发展。发展中国家和全球 18 岁至 35 岁的受访者对中华文化的好评度更高，均在 90%以上。在海外国家中，泰国、墨西哥、沙特阿拉伯等国受访者更加认可中华传统文化。① 因此，在中华文化影响力逐渐扩大的趋势下，全球文明倡议的具体实践路径可以从以下四个方面展开：第一，加大对核心话语表达的阐释力度；第二，夯实“一带一路”民心相通基础；第三，加强全球文明倡议对外话语体系和叙事体系建设；第四，深入开展青年外交实践。

1. 加大对核心话语表达的阐释力度

（1）摆脱二元对立的西方霸权话语体系

人类文明交流互鉴话语内容方面存在的复杂性困境主要在于对话语主题的阐释不够深刻，由此而产生话语表达逻辑不清、话语大众化传播不足等一系列问题。要脱离西方霸权思维的惯性，需在自身文化传统中挖掘资源，寻求一种不同于以往西方霸权体系主导的国际秩序，改变霸权争夺的逻辑。因此，我们要加大对人类文明新形态、全人类共同价值、人类命运共同体等具有中国特色话语概念的对外宣传阐释。

① 《〈中国民主实践与现代化发展全球调查报告 2022〉在京发布》，人民画报社网站，http://www.rmhb.com.cn/gd/202303/t20230325_800326669.html，访问日期：2023 年 4 月 5 日。

（2）阐释人类文明新形态和全人类共同价值

用理论阐释好人类文明新形态是人类文明演进实践性和规律性的统一，是新时代文明交流互鉴主张的生动注解。强调人类文明新形态的生成路径遵循了自主成长、和平成长、共同成长的逻辑，批判了西方中心主义文明优越观和文明强制观。同时，要以全人类共同价值为价值追求，弘扬和平、发展、公平、正义、民主、自由的价值观，以超国家、超区域、超主权的视角进行逻辑思辨。具体来说，应注重突出全人类共同价值中蕴含的文明相对主义逻辑，反对文化帝国主义；突出共同价值的具体主义逻辑，反对抽象的文明观；突出人民民主原则，反对价值文明沦为违背人民利益的政治工具。①

2. 夯实“一带一路”民心相通基础

（1）构建“一带一路”文化共同体

共建“一带一路”倡议是全球发展倡议的自然延伸。“一带一路”是文明溯源之路和文化发展之路，最终将赢在文明共享和文化认同。因此，文化既是基础、条件，也是保障、归宿。② 继共筑命运共同体、卫生健康共同体之后，“一带一路”共建国家可持续优化语言互联互通，辅以学术交流与调查研究，进一步构建安危与共、同舟共济、有福同享、有难同当的文化共同体。

（2）持续加强“一带一路”民心相通

讲好“一带一路”高质量发展的故事，在一定程度上彰显着我们讲好新时代中国故事的能力。因此，要在做好“硬联通”“软联通”的前提下，进一步加强共建“一带一路”倡议的对外传播，及时弥补“心相通”的短板。对此，中国应提高国际社会对共建“一带一路”的认知度、参与度，在卫生、教育、体育、旅游、减贫、科技、气候变化等重点领域继续深化与共建国家的合作，使共建“一带一路”倡议成为文明

① 郭树勇、舒伟超：《论习近平外交思想理论内涵的丰富发展》，《世界经济与政治》2022 年第 11 期。

② 李丹：《构建“一带一路”文化共同体的基础条件与现实路径》，《中国人民大学学报》2021 年第 6 期。

互鉴的桥梁。①

3. 加强全球文明倡议对外话语体系和叙事体系建设

（1）加强全球文明倡议对外话语体系建设

全球文明倡议作为最新的中国话语标识，需要以更加丰富、具体、生动的话语体系来支撑传播实践。因此，全球文明倡议的对外传播既要理论化，也要故事化、生动化，以事说理；全球文明倡议的对外传播既要精神化，也要物质化、生活化，把概念转化为可感知、可触摸、可消费的物品；全球文明倡议的对外传播既要主体化，也要客体化、精准化，注重吸引客体参与传播过程，形成高中低搭配、中外共同参与的“大合唱”。②

（2）加强全球文明倡议对外叙事体系建设

“讲故事”是最有效的叙事方法。要讲好人类文明发展的历史故事，讲好人类文明交流互鉴的故事，讲好人类文明未来走向的故事。对此，中国在建设对外叙事体系时应注意：叙事聚焦应突出文明多样性，叙事概念应凝练全人类共同价值，叙事逻辑应界定文明传承和创新，叙事目标应加强国际人文交流合作，以回应时代问题，兼顾个体和集体叙事，利用传播的多样性呈现文明多样性。

4. 深入开展青年外交实践

（1）提高新时代中国青年外交效能

当前，中外“Z 世代”青年普遍具有人类命运休戚与共的共同体意识。为加强全球文明倡议的国际影响力，要充分发挥青年在大国整体外交格局中的生力军和先锋队作用。各级文旅和教育部门可与高校、科研机构和民间文化机构合作，深化各领域、各层次、各维度的青年外交，为当代青年提供开展文化交流、参与国际事务的机会平台，鼓励中外青年围绕全球性议题进行学术研讨与调查实践。

---

① 孙敬鑫：《“一带一路”对外传播：现状、阻力与应对》，《中央社会主义学院学报》2022 年第 4 期。

② 孙敬鑫：《全球文明倡议对外话语体系建设及实践路径》，《当代世界》2023 年第 4 期。

(2) 加强对海外“Z 世代”的调查研究

根据多项调查数据，目前海外“Z 世代”普遍显示出对“气候变化”“经济发展”“贫困治理”等社会性议题的关注。因此，要继续开展对海外青年群体的调查研究，全方位、多层次把握国际青年重点关注的话题，通过及时回应其关切，推动中外文明交流互鉴取得实效。

五、结语

习近平总书记在 2019 年亚洲文明对话大会开幕式上发表的主旨演讲中指出：“人类只有肤色语言之别，文明只有姹紫嫣红之别，但绝无高低优劣之分。”① 全球文明倡议作为中国向国际社会提供的又一重要公共产品，将在淡化意识形态对抗、缓和国际矛盾争端、凝聚文化共识、构建“文明新秩序”中发挥战略性作用，有助于重新点燃人类文明和智慧碰撞的火花，绘就人类文明进步的宏伟画卷，最终形成“各美其美，美人之美，美美与共，天下大同”的人类命运共同体。

① 《习近平出席亚洲文明对话大会开幕式并发表主旨演讲》，人民网，http://jhsjk.people.cn/article/31087248，访问日期：2023 年 4 月 10 日。

第二部分

人文交流篇

王偲骁 *

“一带一路”背景下中国同欧洲人文交流现状及前景展望

〔摘　要〕中国同欧洲人文交流的历史源远流长。近年来，中欧人文交流在政府机制的引领下取得了丰硕成果，中国与中东欧国家人文交流成为中欧关系的一大亮点。同时值得注意的是，中欧关系发展在近年来遇到阻力，对双边人文交流产生不利影响。在“一带一路”背景下进一步推动未来中欧人文交流，需要认识中欧人文交流的历史根基及现实基础，激活中欧交流政府间合作机制，鼓励民间社团加强交流，推进中欧智库、高校交流合作，拓展新闻媒体传播渠道等。

〔关键词〕中欧关系；人文交流；政府机制；民间交往

双边人文交流①是国际关系的重要组成部分，对于增进各国间相互了解、推动政治及经济关系发展具有重要作用。近年来，中国日益重视同世界各国的人文交流。2013 年，中国国家主席习近平首次提出构建人类命运共同体理念，提倡世界各国开展文明对话、交流互鉴，共同推动

* 王偲骁，北京第二外国语学院欧洲学院副教授，主要研究方向为中欧关系、中东欧区域研究。

① 本文认为人员、教育、科技、文化、旅游等领域的交流属于人文交流的范畴。

人类文明发展进步，建设一个开放包容的世界。2022 年 10 月，中国共产党第二十次全国代表大会报告提出要增强中华文明传播力影响力，加快构建中国话语和中国叙事体系，讲好中国故事、传播好中国声音，展现可信、可爱、可敬的中国形象，深化文明交流互鉴，推动中华文化更好走向世界，同时将推动构建人类命运共同体明确为中国式现代化的本质要求之一。2023 年 3 月，习近平主席在全球文明倡议中表示，要加强国际人文交流合作，探讨构建全球文明对话合作网络，丰富交流内容，拓展合作渠道，促进各国人民相知相亲，共同推动人类文明发展进步。①

中国同欧洲人文交流的历史可以追溯到数百年前，两大文明由古丝绸之路连接，双方人文交流在早期通过欧洲传教士和中国流传至欧洲的典籍开启，后期在形式及内容上渐趋丰富。尽管历史上两大文明之间的交往由于种种原因有过短暂的波折，但双方的人文交流在总体上未曾中断，在不同时期对中国同欧洲各国的双边关系发展起到了重要的推动作用。

近年来，“逆全球化”、保守主义、单边主义思潮呈现上升趋势，中美关系向战略竞争方向偏移，美国在安全、贸易、科技、舆论等各领域全面对华施压，中美人文交流遇到较大挑战。欧美国家在政治、价值观、舆论等方面联系紧密，叠加新冠疫情以及乌克兰危机，中欧关系在同期开始走向低谷，中欧人员之间的线下往来有所减少，欧洲对华认知发生复杂变化，中欧人文交流也开始遭遇阻力。在此背景下，本文梳理中欧人文交流近年来的发展现状及其面临的复杂局面，并对如何进一步发展中欧人文交流提出几点思考。

① 《习近平在中国共产党与世界政党高层对话会上的主旨讲话（全文）》，中国政府网，http://www.gov.cn/xinwen/2023-03/15/content_5746950.htm，访问日期：2023 年 3 月 16 日。

一、中欧人文交流的现状

1. 政府间合作机制引领全局

中欧人文交流最主要的特点是政府间合作机制的引领作用。目前已建立的机制有中欧高级别人文交流对话机制、中英高级别人文交流机制、中德高级别人文交流对话机制、中法高级别人文交流机制，以及中国与中东欧国家间的人文交流机制，上述机制的简要概况及目前运行情况如下。

（1）中欧高级别人文交流对话机制

2011 年 5 月，时任欧洲理事会主席范龙佩访华期间，中欧双方就加强中欧人文交流合作达成共识。2012 年 2 月第十四次中欧领导人会晤期间，中欧双方宣布同意建立中欧高级别人文交流对话机制，并于 2012 年 4 月举行首次会议。该机制与中欧高级别战略对话和中欧经贸高层对话机制共同构成中欧对话合作的三大支柱，在 2012 年至 2020 年共举办 5 次会议，涉及的合作领域包括教育、科研人员交流、文化、媒体、体育、青年、妇女等，取得了丰硕的合作成果。其中第五次会议于 2020 年 11 月以视频会议形式举办，时任中国国务院副总理孙春兰和欧方代表共同出席并发布新闻声明。① 按原定计划，第六次会议应于 2022 年在中国举行，但因某些技术原因尚未举办。

（2）中英高级别人文交流机制

中英高级别人文交流机制于 2012 年 4 月建立，与中英经济财金对话和中英战略对话共同构成两国交流合作的三大支柱，在 2012 年至 2017 年已举办 5 次会议，涵盖教育、科技、文化、媒体、体育、青年、卫生、旅游、地方合作、社会平等和妇女等 11 个领域。②

---

① 《中欧高级别人文交流对话机制第五次会议联合新闻声明》，中华人民共和国教育部网站，http://www.moe.gov.cn/jyb_xwfb/moe_1946/fj_2020/202011/t20201110_499245.html，访问日期：2023 年 5 月 11 日。

② 《中英高级别人文交流机制简介》，北京大学中外人文交流研究基地网站，https://www.igcu.pku.edu.cn/info/1273/1775.htm，访问日期：2023 年 5 月 8 日。

（3）中德高级别人文交流对话机制

2014 年 3 月，习近平主席访德期间，中德双方同意加强中德人文交流。中德高级别人文交流对话机制于 2017 年 5 月建立，与中德高级别财金对话机制和中德高级别安全对话机制并列，包含教育、文化、媒体、体育、青年等 5 个领域。①

（4）中法高级别人文交流机制

中法高级别人文交流机制于 2014 年 9 月建立，与中法高级别战略对话机制和中法高级别经济财金对话机制共同构成中法对话合作的三大支柱。该机制首次会议在法国巴黎举行，在 2014 年至 2019 年已举办 5 次会议，第五次会议由时任中国国务委员兼外交部长王毅与法国外长共同主持。迄今，有关机制涵盖教育、科技、文化、卫生、体育、媒体、旅游、地方合作、青年和妇女等 10 个领域。②

2. 中国与中东欧国家人文交流成为亮点

近年来，中国与中东欧国家的人文交流合作取得了丰硕的成果，成为中欧人文交流中的一大亮点。目前，中国与中东欧国家的人文交流已经扩展到多个领域，涵盖智库交流、媒体互访、文化交流、教育合作、旅游交流、地方合作、出版互译、体育交流、小语种及中文教育等。以下为 2019 年以来中方或中外双方共同举办的有关重点活动情况。

2019 年为“中国-中东欧国家教育、青年交流年”，第七届中国-中东欧国家教育政策对话、中国-中东欧国家高校联合会第六次会议、中国与中东欧国家青年人文知识竞赛、第三届“未来之桥”中国-中东欧青年研修交流营等活动成功举行。同年，中外双方共同举办第四届中国-中东欧国家文化合作部长论坛、第五次中国-中东欧国家旅游合作高级别会议、第六届中国-中东欧国家高级别智库研讨会、第二届中国-中东欧国家文

---

① 《中德高级别人文交流对话机制相关情况介绍》，中华人民共和国教育部网站，http://www.moe.gov.cn/jyb_xwfb/xw_fbh/moe_2069/xwfbh_2017n/xwfb_070516/170516_sfcl/201705/t20170516_304763.html，访问日期：2023 年 6 月 3 日。

② 《中法高级别人文交流机制》，北京大学中外人文交流研究基地网站，https://www.igcu.pku.edu.cn/info/1277/1777.htm，访问日期：2023 年 6 月 29 日。

化遗产论坛、第四届中国-中东欧国家文化创意产业论坛等活动。

2020年，中国-中东欧国家智库交流与合作网络系列线上国际学术研讨会、中国-中东欧国家出版联盟“人文经典互译与文明互鉴”论坛、首届“中国-中东欧国家合作新春晚会”等活动相继举办。2021年，中国与中东欧国家共同举办第四届中国-中东欧国家出版联盟论坛、中国-中东欧国家线上儿童环保画展、“未来之桥”中国-中东欧国家青年创客国际论坛、中国-中东欧国家合作研讨会暨全球伙伴中心第二次全体会议等活动。2022年为中国-中东欧国家合作启动10周年，中国-中东欧国家旅游线上会议、第三届中国-中东欧国家非物质文化遗产保护专家级论坛、第八届中国-中东欧国家高级别智库研讨会等活动在年内成功举办。①

3. 北京冬奥会增进中欧民间交往意愿

2022年2月，在新冠疫情背景下，中国成功举办第24届冬季奥林匹克运动会。冬奥会前，中方举办了诸如中欧音乐节暨北京冬奥会倒计时100天音乐会、中国·意大利冰雪之缘冬奥主题展、“中外人文交流小使者”迎冬奥倒计时100天展演等活动。波兰总统杜达、塞尔维亚总统武契奇、卢森堡大公亨利等欧洲领导人出席冬奥会开幕式。在大多数欧洲国家，平均有一半或3/4的人口通过各种形式观看了北京冬奥会。② 据中国网面向英、法、德、俄、美等国20岁至69岁民众开展的北京冬奥会海外民意调查显示，北京冬奥会期间，受访者对中国好感率排在前三位的国家分别是俄罗斯（88%）、意大利（78%）和英国（67%），观看过北京冬奥会后有意愿来中国、深入了解中国的受访者中，人数排名前三位的国家分别是俄罗斯（72%）、意大利（71%）和英国（49%）。③

① 《中国—中东欧国家合作》，中华人民共和国外交部网站，https://www.mfa.gov.cn/web/gjhdq_676201/gjhdqzz_681964/zgzdogjhz/1206x0_679932/，访问日期：2023年3月29日。

② 暨佩娟：《全球收视率创历届新高！国际奥委会详解北京冬奥会全球关注度》，环球网，https://world.huanqiu.com/article/46qWkaALqao，访问日期：2023年7月1日。

③ 刘倩、牛慧颖、陈冰然：《调查显示：超70%海外受访者关注北京冬奥会，专业、精彩、友善成三大关键词》，中国网，http://news.china.com.cn/txt/2022-02/22/content_78064922.htm，访问日期：2023年7月5日。

4. 中欧人文交往线上活动日益增多

近几年，由于新冠疫情等因素，中欧线下人文交流活动受到一定影响，但与此同时，线上活动，特别是线上线下相结合的活动日益增多，并逐渐成为新的亮点。2022 年 4 月，“中法文化之春”活动在华开幕，全年共组织 200 余场活动。6 月，“新疆是个好地方”比利时线上新疆文化遗产周活动举办。同月，“中国希腊文化和旅游年”系列活动以线上线下相结合的形式在南京举行。9 月，第八届丝绸之路国际艺术节在西安成功举办，来自英国、西班牙等国家的经典剧目在“云”端亮相。同月，第七届中国-亚欧博览会在乌鲁木齐市举办，博览会涉及文化旅游体育产业、图书展等，欧洲多国以线上或线下形式参展参会，匈牙利总理欧尔班发表视频演讲。11 月，“陕西非遗之美”主题摄影作品展在法国巴黎上线。同月，“回望 1970 年代和展望全球化未来——以交流促转变与中德/中欧跨文化合作”国际会议在北京举行，开展了一系列线上和线下相结合的学术交流活动。

智库交往方面，2022 年 7 月，中国全球化智库代表团访问法国、德国、比利时等地。11 月，第八届中国-中东欧国家高级别智库研讨会在线上举行，中国、塞尔维亚等中东欧国家的智库代表、专家学者等参会研讨。12 月，在第七届中国全球智库创新年会上，中欧学者以“国际变局中的中欧智库交流”为主题展开交流。

教育方面，2022 年 4 月，2022 中欧高等教育合作与交流平台会议在线召开。10 月，第 23 届中国国际教育年会暨展览在北京、上海等地召开，德国为主宾国，奥地利、芬兰等“展团”采取线上与线下相结合的方式进行展览。

二、中欧人文交流面临的复杂局面

1. 低谷中的中欧关系机遇与挑战并存

虽然中欧关系在近年来遇到一定的波折，渐入低谷，但自 2022 年起，中欧领导人之间的互动越发频繁，中欧关系也迎来转机。2022 年 3 月，习近平主席同法国总统马克龙、德国总理朔尔茨举行视频峰会，重点就乌克兰局势等交换意见。4 月，习近平主席以视频方式会见欧洲理事会主席米歇尔和欧盟委员会主席冯德莱恩。11 月，德国总理朔尔茨来华正式访问。同月，习近平主席在巴厘岛会见法国、荷兰、西班牙、意大利四个欧洲国家的领导人。12 月，欧洲理事会主席米歇尔访华，习近平主席同其举行会谈。2023 年年初，西班牙首相桑切斯、法国总统马克龙和欧盟委员会主席冯德莱恩相继访华。欧方在表达关切的同时更多地希望同中方在经贸领域开展务实合作，加强在气候变化等问题上的协调沟通。同时，德国等国明确表态，坚定支持贸易自由化，支持经济全球化，反对"脱钩"。中欧关系出现转暖信号。

2. 欧洲对华认知发生复杂变化

中国目前尚无研究机构长期跟踪监测欧洲民众的对华好感度指标。根据民调型智库皮尤研究中心（Pew Research Center）、中欧亚洲研究中心（CEIAS）及其他机构等各方的资料显示，过去几年，欧洲对华认知呈现出复杂及多样化趋势。其中，部分中东欧以及南欧国家的对华好感度呈现上升或者相对积极态势，而西欧、北欧和少数中欧国家的对华好感度则呈现下降或者波动趋势。

在中东欧国家内部，塞尔维亚、拉脱维亚等国的对华好感度最为积极。2020 年，中欧亚洲研究中心对塞尔维亚、英国、拉脱维亚、匈牙利等 13 个欧洲国家进行了一次较大规模的对华好感度调查。塞尔维亚民众的对华态度非常积极，选择对华持积极态度选项的百分比约为 60%。同时，2018 年至 2020 年，超过 80%的塞尔维亚民众以及接近 80%的拉脱维亚民众的对华感受未发生变化或者有所提升，这同英国、瑞典等欧洲国家的结果有显著不同。①

① J. Gledic, R. Turcsanyi, etc., "Serbian Public Opinion on China in the Age of COVID-19," accessed July 1, 2023, https://www.researchgate.net/publication/348607872_Serbian_public_opinion_on_China_in_the_age_of_COVID-19_An_unyielding_alliance.

南欧部分国家的对华好感度相对较高。如表 1 皮尤研究中心数据显示，希腊民众在 2018 年、2019 年及 2021 年（注：2020 年数据缺失）的对华好感度百分比分别为 43%、51%、52%，意大利在 2018 年至 2021 年 4 年的数据分别为 29%、37%、38%、38%，西班牙在此期间的数据分别为 42%、39%、36%、39%。① 由此可见，希腊、意大利民众在这 4 年间的对华好感度有小幅度提升，而西班牙基本保持稳定。中欧亚洲研究中心的研究结果也基本支撑这一结论。② 两家机构的研究数据表明，意大利、西班牙等南欧国家的对华好感度数据低于塞尔维亚等部分中东欧国家，但是明显高于西欧的英国、德国以及北欧的瑞典等国。

第三类国家则是西欧、北欧以及部分中欧国家，这些国家的对华好感度在总体上呈现下滑趋势。皮尤研究中心数据显示，2018 年与 2021 年数据对比，英国、法国、德国和瑞典的对华好感度百分比分别由 49%、41%、39%和 42%下滑至 27%、29%、21%和 18%，且其中只有德国是呈持续下滑状态，其他三国在 2020 年后有一次小幅度回暖。从综合数据以及各方信息来看，西欧、北欧以及部分中欧国家的对华好感度呈现下滑或者低位震荡的趋势。③（表 1）

表 1　欧洲主要国家对华好感度百分比（2012—2021 年）

国家	年份									
	2012	2013	2014	2015	2016	2017	2018	2019	2020	2021
法国	40%	42%	47%	50%	33%	44%	41%	33%	26%	29%
德国	29%	28%	28%	34%	28%	34%	39%	34%	25%	21%
希腊	56%	59%	49%	—	57%	50%	43%	51%	—	52%

① Pew Research Center, “Global Indicators Database: Opinion of China,” accessed February 1, 2023, https://www.pewresearch.org/global/database/indicator/24.

② J. Gledic, R. Turcsanyi, etc., “Serbian Public Opinion on China in the Age of COVID-19,” accessed July 1, 2023, https://www.researchgate.net/publication/348607872_Serbian_public_opinion_on_China_in_the_age_of_COVID-19_An_unyielding_alliance.

③ Pew Research Center, “Global Indicators Database: Opinion of China,” accessed February 1, 2023, https://www.pewresearch.org/global/database/indicator/24.

续表

国家	年份									
	2012	2013	2014	2015	2016	2017	2018	2019	2020	2021
匈牙利	—	—	—	—	45%	38%	43%	40%	—	—
意大利	30%	28%	26%	40%	32%	31%	29%	37%	38%	38%
荷兰	—	—	—	—	47%	49%	47%	36%	25%	24%
波兰	50%	43%	32%	40%	37%	42%	36%	47%	—	—
西班牙	49%	48%	39%	41%	28%	43%	42%	39%	36%	39%
瑞典	—	—	—	—	37%	41%	42%	25%	14%	18%
英国	49%	48%	47%	45%	37%	45%	49%	38%	22%	27%

资料来源：作者根据皮尤研究中心网站数据整理。

3. 部分国家对华负面报道增多

纵观部分欧美主流媒体近年来的对华态度，可以发现，对华负面报道有所增多，主要为对新冠疫情、人权问题、涉疆问题、台湾问题、中俄关系、中方在乌克兰危机上的立场等议题的炒作，这些负面报道对欧洲民众对华好感度的下降起到了推波助澜的作用，也相应地阻碍了中欧人文交流的发展。

三、关于深化中欧人文交流的几点思考

中欧人文交流的历史源远流长。丰富的交流经验表明，双方更紧密的人文交流有助于化解矛盾、消解误会，为进一步提高政治互信、实质性发展双边经贸等各领域关系提供帮助。为进一步深化中欧人文交流，应从以下几点入手。

1. 认识中欧人文交流的历史根基及现实基础

中华文明同欧洲文明都是人类历史上具有重要影响的文明，都对人

类文明进步作出过各自的贡献。古丝绸之路将中华文明同欧洲文明联系在一起，欧中之间并没有本质上的地缘政治矛盾，双方在气候变化、数字经济、文化旅游等领域存在广阔的合作空间，经济合作中互补的一面也远远大于竞争的一面。因此，中欧双边人文交流不应该被暂时的政治关系所影响。双方应该将中欧人文交流提升到两个文明交流的高度上认识，大力推进双边及多边人文交流活动，增进彼此了解，为双方在未来进一步拓展政治、经济等领域的合作不断注入新的动力。

2. 激活中欧人文领域政府间合作机制

中国同欧洲之间已经建立起的人文交流机制，如中欧高级别人文交流对话机制、中法高级别人文交流机制、中德高级别人文交流对话机制等，在教育、文化、体育等多个领域都举办过各类丰富多彩的活动，对中国同法国、德国等欧洲大国及欧盟之间的人文交流起到了积极的引领作用。但目前受诸多因素影响，中欧已建立的各类合作机制存在停滞不前、社会能见度不高、双方协调配合不足等问题。在短期内，中欧应加强协调磋商，尽快开展新的人文对话活动；从长期看，双方可以探讨进一步扩大有关交流对话机制的方式，如尝试将中英、中法、中德机制与中欧机制通盘考量、横向激活，在各机制之间建立联系，发挥协同共振效应。在纵向上，应该继续挖掘有关机制的合作深度，扩大合作领域，打造欧洲各国独具特色的精品合作示范项目。在双方建立互信后，可尝试探讨中欧携手同中东、非洲国家开展三边或多边文明交流对话活动的可能性，进一步加强各文明之间的交流互鉴，共同构建人类文明共同体。

3. 鼓励民间社会团体加强交流

针对当前中欧关系现状，为减少双边交流阻力，可积极考虑提升民间参与度的方式方法，提高各民间团体和地方友好协会，以及各领域协会、商会、公益机构、企业、专家、知名人士等参与人文交流项目或者自行开展项目的积极性。此外，可设立有关人文交流基金，向民间团体或个人开放申请，并建立起一套行之有效的评价体系，评估相关基金的使用效率。

4. 推进中欧间智库、高校交流合作

欧洲学界、重要智库等对于欧洲的内外政策、舆论导向等有着重要的引导作用。中方可考虑重新审视现行规定等因素，查找当前中欧有关方面交流不足、误解较深的原因，切实提高中国官方及民间智库、高校、教师学者等参与中欧人文交流项目以及同海外同行交流的积极性，研究孔子学院等相关机构进一步发展壮大的可行性路径，探讨如何建立中欧高校、智库、科研院所之间不受干扰的长效合作机制等相关问题。

5. 拓展新闻媒体传播渠道

欧洲大陆国家普遍拥有多元文化，众多国家的官方语言多达 20 余种。中国声音尚未真正地在欧洲国家传播开来。中国新闻媒体及有关机构需要深入研究这一问题的本源，更新观念，创新方式方法，更多地利用互联网、新媒体、大数据等，使用对象国听得懂的各种通用语种及非通用语种，创新叙事方式，更多地邀请欧洲媒体、代表来华，加强双向沟通交流，做好新闻文化传播工作，以便更好地讲好中国故事，传播好中国声音。

杨玉进 *

从"Z世代"视角探索"一带一路"民心相通的构建路径

〔摘　要〕"Z世代"是指1995年至2009年出生的一代人。自出生起，这一代人就与网络信息时代无缝对接，又被称为"互联网世代"。近年来，"Z世代"的思想动态对于国际政治走向的影响越来越大，他们的政治举动在全世界范围内都引起了反响。本文通过分析"Z世代"的思想特征，探讨中国在推动共建"一带一路"倡议的实施过程中应如何做好与"Z世代"的积极互动，从而更好地实现"一带一路"民心相通。

〔关键词〕"Z世代"；"一带一路"；民心相通

一、"Z世代"的思想特征

"Z世代"在深度数字化、广度网络化的时代环境下成长起来。由于物质生活较为富足，这一代人的思想更加开放，对物质生活的追求欲减弱，更为注重个人兴趣、情感诉求和自我实现，在关注全球问题的同时

* 杨玉进，北京第二外国语学院中国"一带一路"研究院助理研究员。

又缺乏安全感。

1. 拥抱数字科技

自20世纪90年代以来，科技革命提供了大量的信息资源，改变了人们保持联系、获取信息、开展业务以及人际交往的方式。"Z世代"伴网而生，深受数字信息技术、即时通信设备、智能手机等的影响，又被称为"网络世代"和"数字原住民"。根据美国民调型智库皮尤研究中心（Pew Research Center）2018年的一项调查，美国13岁至17岁的青少年中有95%拥有智能手机，97%的青少年会使用YouTube、Facebook、Twitter等网络平台中的至少1个。①

数字科技革新降低了"Z世代"获取信息的壁垒。大量的在线信息以网站、博客、论坛、视频和维基百科等形式出现，任何人都可以从庞杂的信息中获取自己所需要的内容。美国分析机构莫宁咨询公司（Morning Consult）2019年发布的调查报告《理解"Z世代"》显示，49%的"Z世代"通过社交媒体获取大部分新闻，而此前全部世代的人中，这一比例只占17%。② "Z世代"已成为社交媒体上最活跃的用户群体。

数字科技进步改变了"Z世代"的时空观念。他们早已习惯在不同终端设备间无缝切换，对技术故障造成的割裂感容忍度更低。IBM公司调研显示，25%的年轻人每天花在手机上的时间超过5小时，手机似乎已经成为身体的一个"新"器官，他们会因为失去手机而感到焦虑。③在空间层面，整个外部世界对于他们而言只是一次点击的距离，任何资讯、数据都可以在几秒之内获取，他们的空间感其实主要来自物理世界，而非数字世界。

数字科技发展创新了"Z世代"的交友方式。对于"Z世代"青年来说，在现实生活和网络世界认识的人都可以成为朋友，他们会因共同

---

① 徐剑梅：《对社交媒体，美国青少年有话说》，参考消息网，http://ihl.cankaoxiaoxi.com/2018/0605/2277252.shtml，访问日期：2023年1月5日。

② 金姬：《各国"Z世代"青年说》，《新民周刊》2021年第27期。

③ 张伟：《"Z世代"未来发展新锐力量》，《中国高新技术产业导报》2022年3月21日，第3版。

的兴趣爱好在网上结伴，并建立一些虚拟社区。美国 34%的人在网络上与其他州的朋友联系，13%的人与其他国家的朋友联系。[①] 在小范围内，朋友们可以通过网络共享视频、照片和消息。在更大的范围内，这种联系推动“Z 世代”青年人联合起来共同应对全球问题。

2. 关注气候变化

“Z 世代”是气候变化问题的受害者。2021 年，英国巴斯大学发布的报告认为，气候问题正让年轻一代陷入焦虑之中。该报告涵盖了英国、芬兰、巴西、印度、尼日利亚等 10 个发展水平不一的国家，共计有 1 万名 16 岁至 25 岁的年轻人接受了调查。伤感、焦虑、愤怒、无力、无助和愧疚感是受访年轻人对气候变化的感受。报告结果显示，有超过八成的受访者对气候变化感到担忧，其中有 59%的受访者处于极度担忧的状态。不少受访的年轻人表示，气候变化切实影响到了他们的日常生活——在上学、工作甚至玩乐的时候，他们都处在气候变化的阴霾里。有 56%的受访者直言，他们觉得人类注定会灭亡；另外，有 40%的受访者表示，他们会因为气候危机而放弃生育。[②]

“Z 世代”是环境保护的呼吁者。“Z 世代”环保意识的觉醒使他们对环境问题极为敏感，对气候变化的恐惧也比长辈们更为强烈。部分政府在环境问题上的失职使“Z 世代”中的一些人不断站出来，试图通过个人努力带动群体，以改变政府在环境问题上的政策导向。2018 年 8 月，16 岁的瑞典高中生格蕾塔·通贝里（Greta Thunberg）因目睹瑞典的森林火灾而感到愤怒，她强烈要求瑞典政府严格按照《巴黎协定》减少碳排放，并连续三周到瑞典议会大厦抗议。她发起的“星期五为了未来”（Friday for Future）气候保护活动经过社交媒体助力后，迅速传播到多个欧洲国家。在澳大利亚、英国、比利时、美国、日本等国，很多青少年每周五定期罢课、走上街头抗议，想获得更多的社会关注，借此向

---

① Seemiller, C. and Grace, M., *Generation Z: A Century in the Making* (New York: Routledge, 2019), p. 18.

② Reyes, M. E. S., Carmen, B. P. B., Luminarias, M. E. P., etc., “An Investigation into the Relationship Between Climate Change Anxiety and Mental Health Among Gen Z Filipinos,” *Current Psychology* 15 (2021): 1-9.

政府施压。环保运动将多国青年团结在一起，迫使政府将气候变化问题列入政治议程的优先事项。

“Z世代”是环保行动的参与者。“Z世代”年轻人注重参与或计划参与具有环保意义的学术和实践活动。美国南加州大学2020年的一项调查显示，64%的本科生对可持续发展“非常感兴趣”，27%的本科生对这一议题“感兴趣”，33%的受访者表示自己“每天都会参加可持续发展活动”，27%的受访者“每周进行可持续发展实践”。① 可见，越来越多的“Z世代”将气候意识融入了日常生活。也有越来越多的“Z世代”选择攻读与环境相关的专业学位，这些一度被认为不切实际的专业成了热门选择。

3. 谋求实现个人价值

“Z世代”是受教育程度最高的一代。66%的美国“Z世代”至少有大学学历，尤其是18岁至23岁的年轻人中，57%的受访者会选择进入两年制或四年制大学，这一数据明显高于“Y世代”52%的比例。“Z世代”群体财务状况更好，他们很少遭遇饥饿，与上一代人相比，赚钱不再是他们生活的唯一目标，他们有着更高的追求，包括在职场获得更大的发言权、更多的自由以及与公司更多的共同价值观。美国纽约大学教授阿伦·桑达拉拉简（Arun Sundararajan）认为，“Z世代”更加注重个人形象，也更容易将自己视为个人品牌，而不是社会、企业中的一名普通成员或一个螺丝钉。他们具有主动抓住多种创业机会的倾向，也是主动将微创业作为主要谋生之道的第一代人，不再局限于稳定的全职工作这一传统谋生方式。② 因此，“Z世代”对于自身的职业发展会作出更灵活的选择。

“Z世代”谋求工作中的学习机会和成长空间。虽然在后疫情时代，就业保障是“Z世代”担忧的事情之一，但这并不意味着他们会仅仅为

① 《阻止气候变化“Z世代”行动起来》，中国青年报客户端，https://s.cyol.com/articles/2021-11/15/content_DE3P0WIj.html，访问日期：2023年2月1日。

② Schroth, H., “Are You Ready for Gen Z in the Workplace?” *California Management Review* 61, no. 3 (2019): 5-18.

了安全感而选择一份工作。特许公认会计师公会（The Association of Chartered Certified Accountants）在 2021 年发布了研究报告《生生不息：“Z 世代”与财会行业的未来》。公会对全球近 1 万名“95 后”开展调研，结果发现，“提供良好的学习机会”在雇主吸引力因素中排名第一。受访的“95 后”中，有 91%的年轻人希望能保持自己在技能和知识上的持续更新，从而增强职场竞争力，以适应未来的发展。①

“Z 世代”注重自身的工作体验。他们的职业诉求是“有趣和丰富的体验”，普遍不愿意从事一份没有满足感的工作。美国消费金融服务公司 Bankrate 的调查显示，77%的“Z 世代”的跳槽频率是其他年龄层的 3 倍。对他们而言，工作不再是为了吃饱饭，而是“做有意义的事”。44%的“Z 世代”表示，宁可失业，也不愿意做不喜欢的事。新冠疫情期间，无法居家办公的行业越发不受“Z 世代”的欢迎。咨询公司麦肯锡（McKinsey）的研究报告指出，如果无法选择远程办公，与老一辈员工相比，18 岁至 34 岁职场人士的辞职意愿将增长 60%。他们更愿意去应聘“工作性质灵活”的岗位。②

4. 缺乏安全感

“Z 世代”担心财务安全。2008 年的金融危机让“Z 世代”见证了父母丢掉工作或花光积蓄的困境，加上新冠疫情的影响，“Z 世代”已不再像长辈那样对未来充满憧憬。皮尤研究中心 2020 年 3 月的一项调查显示，50%的 18 岁至 23 岁受访者表示，疫情的暴发导致自己及家人失业或减薪，这一比例明显高于“千禧一代”（40%）、“X 世代”（36%）和“婴儿潮一代”（25%）。因此，超过一半的“Z 世代”宁愿存钱也不愿花钱。联合国的一项研究表明，如果给“Z 世代”500 美元，70%的“Z 世代”人说他们至少可以省下一部分。由于经历过金融危机和经济衰退，“Z 世代”从消费的主力军转变为一个节俭至上的群体。与“Y 世

① Bryngelson, J. and Cole, M., “Keeping up with the Generations: Employee Engagement and Retention in Gen Z Workers,” *Michigan Academician* 48, no. 1 (2021): 12.

② The Economist, “What Gen-Z Graduates Want from Their Employers,” accessed May 20, 2023, https://www.economist.com/business/2022/07/21/what-gen-z-graduates-want-from-their-employers.

代"不同，"Z世代"中的许多人对过度消费持谨慎态度。[①]

"Z世代"身陷负债危机。2020年1月，美国教育部公布的美国学生贷款数据显示，美国联邦学生贷款未偿还总额高达1.51万亿美元，占美国国内生产总值的7%以上（2018年，美国国内生产总值为20.49万亿美元）。[②]

"Z世代"面临失业困境。新冠疫情令美国青少年的受教育水平停滞不前，使各国"Z世代"的经济、生活状况空前恶化。经济合作与发展组织的数据显示，2020年上半年，七国集团（G7）15岁至24岁的青年中，有640万人面临失业。他们大多数人从事餐饮业和旅游服务业，这些行业受疫情打击最为严重。[③]

二、"Z世代"视角下的共建"一带一路"倡议

人口膨胀、失业、贫困、环境污染以及健康卫生等问题是威胁青年群体生存状况和生活质量的主要问题。目前处于青年人口膨胀期的国家在20年或25年后将迎来青年人口萎缩的局面，总抚养比的提升将进一步加重青年的负担。共建"一带一路"倡议的提出与"Z世代"的切身利益密切相关，在解决全球性问题、实现包容性增长方面引发了青年群体的广泛关注和共鸣。

1. 数字网络成为"Z世代"了解共建"一带一路"倡议的重要媒介

"Z世代"是网络媒体最活跃的群体，对外界信息的获取主要来自互联网。共建"一带一路"倡议提出后，其国际社会的关注度不断提升。在全球12国受访者中，有76%的受访者表示关注共建"一带一路"倡

① 《美国皮尤中心：我们对"Z世代"的了解有多少》，《青年参考》2021年2月26日，第6版。

② 张良：《美国学生贷款未偿还总额达1.51万亿美元》，新思界网，http://newsijie.cn/TZD/TouZiDiMenuInfo/10514/234/234/TZHJ，访问日期：2023年2月1日。

③ 《开局不利，"Z世代"如何突围》，中青在线网，http://news.cyol.com/gb/articles/2021-03/12/content_9WMxYHaGq.html，访问日期：2023年2月1日。

议。从国别看，肯尼亚、泰国、沙特阿拉伯三国的受访者对倡议的关注度较高，分别是 91%、90%、89%。① 此外，金砖国家对共建“一带一路”的关注度在整体上高于其他国家。北京师范大学文化创新与传播研究院于 2017 年发布的《“一带一路”沿线七国青年对中国文化认知》的调查显示，俄罗斯、哈萨克斯坦、印度尼西亚、印度、土耳其、以色列、埃及七国青年在接触中国文化的渠道方面，互联网渠道占比为 53.6%。社交网站和搜索引擎成为青年群体了解中国文化的主要渠道。同时，该调查发现“高学历、高收入”的外国青年在网络空间较为活跃，对中国文化价值观的认同度较高。② 共建“一带一路”倡议顺应了时代要求和各国加快发展的愿望，给共建国家以及全球传递出推动构建命运共同体和利益共同体的决心与信念，从而吸引了越来越多的“Z 世代”通过网络媒体了解共建“一带一路”倡议并开展良性互动。

2. 共建“一带一路”倡议的价值内涵获得了更多理性认知和支持

共建“一带一路”倡议坚持共商、共建、共享的治理观，以包容性增长打造全球发展合作的新平台。青年是共建“一带一路”的主力军，“Z 世代”青年的价值观多元包容，会以更理性的眼光看待新事物。共建“一带一路”倡议吸引了大量共建国家青年来华求学和创业，逐渐成为各国青年沟通交流的桥梁。以东盟国家为例，广西国际青年交流学院对来自泰国、文莱、菲律宾和印度尼西亚等国青年的调查显示，86%的学员对共建“一带一路”倡议“持积极态度”，42%的学员选择“理解与尊重”，无人选择“抵触排斥”。其中泰国学员全部选择“支持参与”；90%的菲律宾学员“持积极态度”。③ 2021 年 9 月的中国共产党同东南亚、南亚国家政党对话会上，各国“Z 世代”代表在“汇聚青年力量，

---

① 《在构建全球发展命运共同体中塑造好中国企业形象》，中国网，www. china. com. cn/opinion/think/2021-12/07/content_77916254. htm，访问日期：2022 年 11 月 5 日。

② 北京师范大学文化创新与传播研究院课题组：《“一带一路”沿线七国青年对中国文化认知的调查》，人民网，http://theory. people. com. cn/n1/2017/0824/c40531-29490937. html，访问日期：2022 年 11 月 5 日。

③ 卫魏：《民心相通：东盟青年群体参与共建“一带一路”的重要性研究》，《贵州民族研究》2021 年第 3 期。

共谋疫后新前景——'Z世代'领导力论坛"上，发出了支持多边主义和地区合作的坚定声音。[①] 2021年11月，来自俄罗斯、越南、新加坡等9个国家的21个青年组织参加"一带一路"沿线城市青年发展国际会议，共同围绕"共享新机遇，携手创未来"主题，提出了以下倡议：坚持平等互利，加强人文对话；坚持共建共享，加强互学互鉴；坚持同舟共济，加强志愿协作；坚持美美与共，加强文化交流；坚持互惠互赢，加强青创帮扶。[②]

3. 共建"一带一路"倡议在解决环境问题上的举措得到关注和响应

"一带一路"共建国家多为发展中国家，人均GDP较低，它们所处的经济发展阶段决定了其高耗能的经济增长模式，因而普遍面临一定的环境和气候挑战。因此，共建"一带一路"倡议不断鼓励绿色投资与合作，促进环境与资源的可持续发展。近年来，共建"一带一路"倡议在解决环境问题上的举措得到了各国青年的支持和响应。2018年，在由欧美同学会和中国留学人才发展基金会共同主办的第十七届中国企业实施"走出去"战略论坛上，与会嘉宾认为，在共建"一带一路"倡议下加强生态环境保护和气候变化方面的国际合作，推动低碳、环保和绿色发展理念，顺应了全球可持续发展的总体趋势，绿色发展将为"一带一路"共建国家创造更多合作机会。[③] 2021年12月，来自北京大学、日本北海道大学、澳大利亚悉尼大学、阿塞拜疆国立石油工业大学等60余所国内外高校的专家学者，以及世界各地的近200名青年代表相聚云端，围绕"生态保护和全球合作""'一带一路'教育合作的机遇与挑战"主题进行对话。[④]

---

① 《"一带一路"建设结硕果：惠及世界的中国方案》，华龙网，http://news.cqnews.net/html/2022-03/29/content_958305884310908928.html，访问日期：2023年11月15日。

② 《共享新机遇 携手创未来 2021"一带一路"沿线城市青年发展国际会议在宁举办》，搜狐网，https://www.sohu.com/a/500773156_121106832，访问日期：2023年2月1日。

③ 《"一带一路"正在成为绿色发展之路》，央视网，https://news.cctv.com/2018/12/26/ARTItrSVc2s9AZUEg0ouxVQE181226.shtml，访问日期：2023年2月1日。

④ 《"一带一路"国际青年论坛举行 专家青年云端对话生态保护》，中国新闻网，http://www.chinanews.com/gn/2021/12-10/9626667.shtml，访问日期：2023年10月2日。

4. 共建“一带一路”倡议为青年实现自我价值提供重要平台

共建“一带一路”倡议提出以来，中国同共建国家建立的几十个境外合作园区为当地创造了大量就业岗位。同时，各领域人文交流深入推进，为青年国际交往和创新创业搭建了平台，青年在参与共建“一带一路”中的作用逐步显现。联合国和世界银行的数据显示，在很多“一带一路”共建国家，15 岁至 24 岁的群体中既未就业，也未接受教育和培训人员的比例超过 10%。[①] 共建“一带一路”倡议的推进加大了对各国青年教育、技能、健康和安全的投资，切实拓宽了青年的发展维度。例如，中国通过政府奖学金、孔子学院奖学金、“一带一路”专项奖学金等为共建国家学生提供了高质量的教育机会。随着共建“一带一路”倡议的不断推进，中国与共建国家政策沟通、设施联通、贸易畅通、资金融通、民心相通，为丝路青年带去了数量庞大的就业和创业机会，中国成就、中国道路、中国经验也吸引了更多丝路青年，学习中国、借鉴中国、与中国合作成为越来越多丝路青年的诉求，倡议为他们取得个人成就、实现自我价值提供了重要平台。

5. 共建“一带一路”倡议在抵御全球性风险方面凸显优势

后疫情时代，不确定性因素的增加使得“Z 世代”更加关注对全球性风险的规避。目前，中国不仅积累了防治疫情的经验，也在疫苗、医疗设备等领域取得了重大进展，通过加强与“一带一路”共建国家的医疗合作、信息共享，切实助力区域内经济体早日走出疫情阴影。共建“一带一路”倡议是团结应对挑战的合作之路。在新冠疫情这场全球重大公共卫生危机事件中，中国与“一带一路”共建国家命运与共、携手并肩、守望相助，把“一带一路”打造成了维护人民生命安全的健康之路。“一带一路”成为各国携手抗击疫情的生命通道和命运纽带。同时，“一带一路”更是释放发展潜力的增长之路。共建“一带一路”倡议与

① 《青年是“一带一路”倡议的未来驱动力》，中国日报网，http://cn.chinadaily.com.cn/a/201904/27/WS5cc3c5e9a310e7f8b15796fe.html?ivk_sa=1023197a，访问日期：2023 年 2 月 1 日。

方兴未艾的第四次科技革命遥相呼应，疫情虽重创世界经济，却使远程医疗、在线教育、共享平台、协同办公、跨境电商等服务得到了更广泛的应用。在应对疫情的过程中，中国与“一带一路”共建国家拓展合作领域、丰富合作方式、拓宽合作渠道，通过抗疫物资贸易、医护及科技人员抗疫经验交流、远程医疗、构建公共卫生信息分享和应急管理网络等方式，合作应对全球疫情，在抵御全球性风险方面成功凸显优势。

三、以“Z世代”为主体推进“一带一路”民心相通的实践路径

青年交流是构建“一带一路”人类命运共同体的重要基础。共建“一带一路”倡议要实现其在全球范围内的长期发展与合作愿景，需要青年群体，特别是“Z世代”的参与，他们将推动倡议走向更加美好的未来。具体的实践可从以下几个方面入手。

1. 加快数字媒体建设

（1）打造数字媒体平台

针对“Z世代”数字原住民的特点，我们应打造“一带一路”数字媒体平台，充分利用互联网等新媒体形式对共建“一带一路”倡议进行解读和阐释。我们需要深入把握各国的文化语境，开展多元化、本土化、分众化的传播，创新报道手段和信息发布方式，量体裁衣、精准推送。[①]要以沟通民心为目标，真实准确、客观公正地讲好“一带一路”上的“中国故事”“区域故事”“世界故事”，传递互利共赢的丝路理念。在这一过程中，我们要释放交流互鉴、和谐共处的正能量，架起弥合文化和历史差异的数字大通道。

① 周培源、姜洁冰、戴立为：《“一带一路”议题与国家品牌的可持续传播：基于LDA主题模型的实证研究》，《新媒体公共传播》2021年第2期。

（2）促进数字媒体跨境合作

在数字媒体跨境合作方面，我们应积极建立、完善中国与共建国家在互联网和新媒体方面的合作平台，形成跨国、跨区域信息互通及资源共享的务实长效机制，不断提高信息使用、跨境采访、业务研究、人员交流等领域交流合作的层次和水平。我们还应构建“一带一路”青年传播矩阵，使用青年受众群体熟悉的话语体系讲述中国文化，增强传播的体验性、趣味性、互动性和有效性。为找到更多贴近青年需求的共建“一带一路”倡议议题，应积极组织线上线下互动活动，把共建国家和地区的网民动员起来，充分调动他们讨论和参与共建“一带一路”倡议具体议题的主动性，筑牢民意基础，为共建国家的繁荣发展注入新动力。

2. 传承丝绸之路文化

（1）面向“Z 世代”讲述丝路历史

在“Z 世代”的话语体系下，为更深入地解读“一带一路”在历史上的演变与发展，我们要生动展现“一带一路”共建国家文明融合的交汇之处，寻找构建人类命运共同体的文化之源。针对“Z 世代”青年的欣赏习惯和文化需求，我们应培育一批内容丰富、特色鲜明的丝路文化品牌，如开展“一带一路”历史寻迹之旅、举办“一带一路”考古文物展览等。要走民间化、市场化道路，培育一批受青年群体喜爱的民间文化团体、社团组织等，有计划地组织国家舞台艺术精品、地方优秀剧目、地方特色文化产业出国交流展演，举办青年喜爱的艺术节、电影节、音乐节等活动，使文化共鸣内化为“Z 世代”参与“一带一路”建设的持久动力。

（2）面向“Z 世代”弘扬丝路精神

我们要聚焦全球“Z 世代”“新势力”，大力弘扬以“和平合作、开放包容、互学互鉴、互利共赢”为核心的丝路精神。[①] 要以全人类共同价值为引领，为中外“Z 世代”青年沟通交流搭建桥梁纽带，凝聚全球

① 范强威：《论丝路精神的时代价值和世界意义》，《观察与思考》2022 年第 3 期。

"Z世代"青年的命运共同体意识和发展共识，激励、引导海内外"Z世代"为推动构建人类命运共同体贡献青春力量。例如，可积极推动实施世界青年英才"走近中国"计划，创新国际交流方式，举办"云茶会""云分享""云论坛"等系列对话活动，进一步增强中外"Z世代"青年之间的友谊；实施在华外国青年"知行中国"计划，开展中外大学生社会实践周、在华留学生企业实习等项目，以实践育人、朋辈教育的方式培养沟通中外的青年友好使者。

3. 构建绿色"一带一路"

（1）发挥"Z世代"的"绿色"能量

"Z世代"的"绿色"能量能有效助力绿色"一带一路"的构建。为及时回应"Z世代"对生态环境问题的关注，我们应积极搭建"一带一路"绿色发展政策青年对话交流平台，积极采纳"Z世代"在气候问题上的意见和建议。例如，在推动"一带一路"生态环保大数据共享和更新方面，可开展"一带一路"共建国家环境问题青年学者研讨会，在气候变化问题上凝聚"Z世代"群体的智慧与力量，积极与"一带一路"共建国家寻求应对气候变化的"最大公约数"，建立公平合理、合作共赢的全球气候治理体系。

（2）支持"Z世代"的"绿色"创新

构建绿色"一带一路"要鼓励"Z世代"在环保领域进行科技创新。我们不仅要加强新能源领域青年科技人才的培养和储备，更要着眼于建设绿色丝绸之路新型智库，以建立和完善共建"一带一路"绿色发展的智力支撑体系。例如，可鼓励"Z世代"多参与"一带一路"绿色低碳项目，开展能源技术装备领域合作，重点围绕可再生能源发电、先进核电、智能电网等专业领域开展中外青年专业人才的联合研究及交流培训。

4. 满足青年发展需要

（1）拓展青年参与共建"一带一路"的渠道和途径

开展形式多样的青年交流项目是拓展青年参与"一带一路"建设最

有效的渠道和途径。可与“一带一路”共建国家共同合作，扩大留学交流项目规模，实施“丝绸之路”人才联合培养计划，举办共建国家间的青年研修访学活动等，为中外“Z世代”青年提供更多人文交流机会。同时，要鼓励“一带一路”共建国家的高等院校在语言、交通运输、建筑、医学、能源、环境工程、水利工程、生物科学、海洋科学、生态保护、文化遗产保护等急需的专业领域进行联合培养，推动实现校际教育资源共享，共同培养出更多具有全球视野的青年人才。

（2）建立青年参与共建“一带一路”的国际化服务机构

为鼓励更多青年参与共建“一带一路”，我们应建立服务于青年的国际化机构，为这一群体参与共建“一带一路”提供展示、交流、实践的平台，提高青年在国际合作领域中的参与度和话语权。例如，可依托该类国际化服务机构，开展共建“一带一路”青年企业家交流活动，举办青年创新创业大赛，为“Z世代”青年打造创业空间、创业工场等，满足青年的发展需要，帮助他们在积极参与构建人类命运共同体的实践中彰显“一带一路”青年使者的风采，更好地实现个人价值和全面发展。

谢辛若　曹　慧*

“一带一路”共建国家非遗保护经验及中国非遗保护实践路径探析

〔摘　要〕非物质文化遗产作为一种特殊的文化遗产，是世界各国优秀传统文化的代表。在共建“一带一路”倡议下，非遗可以作为各国文化交流的重要媒介，带动更多文化领域深入开展交流与合作，更好地实现文明交流互鉴、民心相通，为“一带一路”建设提供文化支撑。非物质文化遗产保护是世界性共识，世界各国都有不同举措、不同实践。截至2022年12月，联合国教科文组织非物质文化遗产名录（名册）项目共涉及140个国家，其中有92个“一带一路”共建国家和地区独立申报非遗项目。本文从立法保障、机构支撑、财政支持、非遗资源转换、新兴技术赋能、校园非遗教育等方面，分析总结各区域重点国家的非物质文化遗产保护经验，进而为中国非物质文化遗产的保护、传承与推广提出发展与完善的建议。

〔关键词〕非物质文化遗产；“一带一路”共建国家；非遗保护与传承

* 谢辛若，北京第二外国语学院中国“一带一路”研究院助理研究员。曹慧，黑龙江省大庆市肇源县委党校讲师，研究方向为文化学。本文系北京第二外国语学院研究生科研项目《“一带一路”语言文化交流问题研究》阶段性成果；本文系黑龙江省大庆市社科联课题“关于因地制宜发展大庆新质生产力的几点研究”（课题编号：DSGB2024086）阶段性成果。

一、引言

非物质文化遗产（以下简称“非遗”）作为文化遗产的表现形式之一，是一个国家和民族身份的标识，也是一个国家精神文明和文化软实力的体现。非遗不但具有维系民族团结、构建民族身份认同和延续民族文化精神的作用，而且具有宝贵的经济、艺术和生态价值。“一带一路”共建国家和地区有着极其丰富的非物质文化遗产，而中国与“一带一路”共建国家具备跨境文化交流合作的深厚基础。在全球文明倡议背景下，保护、传承和推广各国人民共享的非物质文化遗产，是实现“一带一路”民心相通的重要文化资源，也是促进“一带一路”共建国家相互交流和了解的重要因素，有利于增强不同文化之间的包容与和谐互动。

二、“一带一路”共建国家非遗项目现状

截至 2022 年 12 月，全球共有 140 个国家的非遗项目入选《保护非物质文化遗产公约》名录，共计 676 项。① 而截至 2023 年 1 月 6 日，中国已经同 151 个国家签署共建“一带一路”合作文件。② 在联合国教科文组织公布的非遗名录项目中，共有 92 个“一带一路”共建国家进行了非物质文化遗产项目的独立申报，非遗项目数量达 439 项，占总名录的 64.9%。③（表 1）如果将“一带一路”共建国家的非遗名录项目按照其申报国所属区域划分并统计，可以发现非遗名录项目多集中在亚洲国家、欧洲与北美洲国家，其中亚洲国家的项目主要集中在东亚国家、东南亚国家和西亚国家，欧洲与北美洲国家的项目则主要集中在欧洲地区

① UNESCO, "Browse the Lists of Intangible Cultural Heritage and the Register of Good Safeguarding Practices," accessed April 6, 2023, https://ich. unesco. org/en/lists.

② 《中国政府与土库曼斯坦政府签署共建“一带一路”谅解备忘录》，中国一带一路网，https://www. yidaiyilu. gov. cn/p/300883. html，访问日期：2023 年 1 月 6 日。

③ UNESCO, "Browse the Lists of Intangible Cultural Heritage and the Register of Good Safeguarding Practices," accessed April 6, 2023, https://ich. unesco. org/en/lists.

的发达国家。

表 1 "一带一路"共建国家非遗项目申报情况（截至 2022 年 12 月）

地区	独立申报国家数	独立申报项目数	联合申报项目数
非洲	19	62	11
阿拉伯	12	28	16
亚洲	24	163	23
欧洲与北美洲	27	146	29
拉丁美洲和加勒比海地区	10	40	3

资料来源：作者根据联合国教科文组织网站数据整理。

三、"一带一路"共建国家非遗保护经验

1. 制定政策法规，提供法律保障

通过立法来保护非物质文化遗产，是文化遗产保护理念的重要进步。共建国家的非遗政策法规是有序开展非遗文化交流的法律保障，开展非遗文化交流也有利于非遗政策法规的进一步完善。

韩国、越南、蒙古国作为独立申报非遗项目数量最多的亚洲国家代表，在非物质文化遗产保护工作方面规范有序。韩国于 1962 年制定了包括非遗保护在内的全国性文化遗产保护法律《文化财保护法》，确立了本国文化遗产的调查、认定、保护、管理以及利用的完整制度体系，并于 1993 年向联合国教科文组织提出关于"普及无形文化遗产制度"的提案，这一提案最终被采纳，成为全球范围内非物质文化遗产保护制度的典范。[①] 越南是世界上最早将"非物质文化遗产"概念列入法律文件的国家之一。其颁布的《文化遗产法》明确了政府机构的责任及保护和

① 梁镛承：《韩国的文化保护政策：无形文化财与它的持有者》，中国非物质文化遗产网，https://www.ihchina.cn/project_details/8556/，访问日期：2023 年 1 月 8 日。

发展的原则，[①]并不断对相关条例进行修改和补充，成为越南非物质文化遗产保护的重要法律依据。蒙古国则出台了一系列专门法，包括《文化遗产保护法》《图书馆法》《蒙古国语言法》《公共广播和电视法》，构成了一套完整的非遗保护法律体系，为蒙古国营造非遗保护的良好法律环境起到了至关重要的作用。[②]

克罗地亚是欧洲范围内入选非遗代表作名录数量最多的国家，其文物保护法案涵盖了非遗保护的各方面内容，是非常系统和完善的。这也是克罗地亚能够成功申请多项非遗项目的主要原因之一。南非首批文化遗产被列入《世界遗产名录》后，南非议会通过了 3 个重要法案，分别是《国家遗产资源法案》《国家遗产委员会法案》和《世界遗产公约法案》，规定了遗产评估的标准和等级，提出建立国家、省、地方三级管理体制，即国家遗产地、省级遗产地以及其他值得保护的遗产资源。[③]这些法案为南非世界遗产的保护、利用和管理提供了法律基础和保证。

为保护具体的非遗保护项目，一些亚洲国家也制定了针对性的法律条例。菲律宾于 1970 年开始非物质文化遗产保护立法和保护制度的建设，[④]并于 1997 年通过了《土著人民权利法案》，从法律层面支持《呼德呼德》史诗的保护工作。印度尼西亚政府将民俗、传说、传统知识技艺列入法律保护范围，通过立法保障巴迪克蜡染工艺的保护、传承、开发。[⑤]乌兹别克斯坦政府就布哈拉古城的保护问题于 2005 年编制了《布哈拉城市总体规划》，政府还于 2010 年颁布了《关于布哈拉文化遗产研究、保护、修复与适应现代用途的改造的国家计划 2020》，为古城的保护进一步提供保障。[⑥]

为保护和发展多种形式的非物质文化遗产，一些国家实行了处罚制度。阿尔及利亚政府于 1998 年全面实施《文化遗产保护法》，随后其

① 郝晓静：《越南非物质文化遗产保护机制及其当代进路》，《求索》2013 年第 8 期。
② 沈策：《蒙古国非遗保护相关法律政策解读》，《非遗传承研究》2021 年第 4 期。
③ 李模：《南非世界文化遗产的保护和管理》，《西亚非洲》2009 年第 1 期。
④ 潘鲁生：《非物质文化遗产资源转化的亚洲经验与范式建构》，《民俗研究》2014 年第 2 期。
⑤ 王红：《东南亚各国保护非物质文化遗产的措施》，《东南亚纵横》2015 年第 6 期。
⑥ 袁剑：《中亚地区文化遗产保护的历史、现状及特质》，《文化遗产》2018 年第 5 期。

《民法典》和《刑法典》等法案相继对破坏历史文化遗产和遗迹的相关量刑进行修订，以配合文化遗产的保护工作。① 阿尔及利亚对本国的非遗保护与开发成为非洲地区独特的非遗保护方式。

除了为非遗保护提供相关法律文件保障，一些国家还制定了相关文化政策作为补充。土耳其于2019年发布了《第十一个发展规划（2019—2023）》，以确保国家文化遗产得到研究、保护与传承。秘鲁除颁布《国家文化遗产的通用法》，规定非遗保护是国家和社会的责任之外，还发布了《国家文化政策2030》，进一步推动非遗保护工作的落实。② 同时，为尽可能简化政府行政体系对非遗保护的干预，秘鲁国家文化遗产部和各省文化部分别设立非遗保护办公室，处理非遗项目的申报、审批与保护工作，更好地保证了遗产保护文化属性的回归。③

2. 设立多级机构，提供机制保障

“一带一路”共建国家为保护、传承和推广非遗文化，纷纷设立非遗保护机构，为非遗文化交流架起了沟通的桥梁。

很多亚洲国家都设有非物质文化遗产保护的各级机构。蒙古国成立了国家文化遗产中心，负责国家非遗事务。此外，蒙古国的非政府组织在非遗保护与传承过程中也发挥了重要作用，如蒙古国呼麦、传统民间长调协会，蒙古国猎鹰协会，国家蒙古包发展中心等。④ 泰国文化部授权其下属文化促进厅全面负责泰国的非遗保护工作，包括制定相关政策和开展文化研究、保护、传播、恢复和发展方面的工作，并组织各类活动，以实现保护和弘扬非遗文化的目标。菲律宾设立国家活珍宝委员会以及文化中心、国家博物馆、国家历史研究所、国家图书馆、语言委员会等机构，负责非遗保护与研究工作。缅甸成立缅甸文化遗产保护委员

① 赵军：《阿尔及利亚非物质文化遗产保护政策及其实践》，《遗产与保护研究》2017年第6期。

② 王元：《“一带一路”沿线国家非遗保护法规概述——以土耳其、克罗地亚、秘鲁三国为例》，《非遗传承研究》2023年第1期。

③ 张青仁、杨慧云：《联结主义的文化实践：秘鲁皮坎特里亚遗产化进程的民族志研究》，《中央民族大学学报（哲学社会科学版）》2022年第3期。

④ 沈策：《蒙古国非遗保护相关法律政策解读》，《非遗传承研究》2021年第4期。

会，负责文物重建和保护等。[①] 新加坡、越南将非物质文化遗产保护提升到国家战略高度，分别设立国家遗产保护委员会和国家文化遗产委员会，负责非物质文化遗产的管理与保护。[②] 阿联酋各酋长国一直致力于通过制定具有明确和具体目标的战略和计划，将保护国家遗产的工作转变为机构工作，建立了许多与遗产保护有关的机构，包括文化遗产研究中心、潜水协会、文化复兴协会、民俗学中心、文献研究中心，以及旅游与文化机构和部门、博物馆和历史文化村等。阿联酋将文化遗产发展转变成一种文化模式，在这种模式中，各部门合作发展，将兴趣与传承相连。[③]

在欧洲地区，葡萄牙政府于 2012 年设立葡萄牙文化遗产总局，负责全国非遗保护工作的协调。此外，针对单个的非遗项目，葡萄牙政府成立专门的组织机构，统筹和协调各领域的保护主体，共同开展非遗的宣传、推广和保护等工作。[④] 保加利亚在各地区建立社区文化中心，成立文献查询、存档和展示中心，非正式地向大众提供传承非遗知识与技能的场所，而且地区非遗传承人也会积极参与社区文化中心非遗项目的确认和非遗档案的保管工作。[⑤]

拉美国家为共同推动非物质文化遗产保护事业的发展，成立了拉丁美洲非物质文化遗产保护区域中心，围绕非遗保护的议题开展跨国合作，包括非物质文化遗产的促进、传播和保护，非遗登记系统的建立，可持续文化旅游的开展等。在拉丁美洲非物质文化遗产保护区域中心的统筹协调下，智利全国艺术文化委员会与秘鲁及玻利维亚政府合作，共同推动“艾马拉文化世界”项目，加强对这 3 个国家艾马拉群体口头表达、

---

① 王红：《东南亚各国保护非物质文化遗产的措施》，《东南亚纵横》2015 年第 6 期。

② 郝晓静：《越南非物质文化遗产保护机制及其当代进路》，《求索》2013 年第 8 期；刘晨：《新加坡非物质文化遗产保护的经验与启示》，《新丝路学刊》2019 年第 4 期。

③ 申十蕾、法正、曹姚瑶：《阿联酋非物质文化遗产保护举措及启示》，《自然与文化遗产研究》2021 年第 6 期。

④ 陈方方、陶丽萍：《国外非遗协同创新保护的经验与启示》，《中国民族博览》2020 年第 14 期。

⑤ 马千里：《“一带一路”国家非物质文化遗产清单编制策略——以保加利亚社区文化中心为个案》，《西北民族研究》2018 年第 1 期。

音乐表达及传统知识的保护。[①] 南非政府也设立了专门机构负责管理本国的世界遗产保护及利用等相关事宜。其文化艺术部是主管部门，下设国家史迹委员会、国家地名命名委员会、国家遗产委员会、南非遗产资源署4个独立遗产管理机构，为南非遗产的管理和保护提供了组织保障。[②]

3. 广泛发动民间组织，提高社区参与度

"一带一路"共建国家设立的民间组织既可以利用民间的力量共同保护非遗，增强非遗社区的影响力，又可以让民众了解非遗的意义，成为非遗文化交流的主体。由于民间组织受到的约束力较小，与政府机构相比更为灵活，因此，民间组织走入社区进行推广非遗的意愿更加强烈，民众的自主性也大大提高。

一些国家充分发挥了民间机构在社区中的非遗保护作用。马来西亚的南洋民间文化组织关注社区历史、文化与人脉的保护和传承，在增加居民的社区认同感和自豪感等方面取得了很好的效果。槟城古迹信托会主要关注古迹发展，积极向政府官员宣传保存文化遗产的意义并申请修复资金，同时向公众发动"拯救古迹筹款运动"。其间，槟城古迹信托会自发与州政府合作，争取到与马六甲市联名申遗的机会。[③] 一些国家积极鼓励社区参与到文化遗产保护工作中，如新加坡政府通过设立马来遗产中心、印度遗产中心和欧亚遗产中心等国家级民间组织，以及致力于进行社区推广的人民协会、希里瓦纳等地方性民间组织，有计划地增强了国民的非遗保护意识，使新加坡居民自发投入非遗的抢救与开发中。[④]

也有一些国家形成了国家层面与民间层面相辅相成的独特非遗保护体系。俄罗斯联邦各级政府开展了具有地方特色的非物质文化遗产保护活动，如萨哈共和国建立了欧隆克研究中心，布里亚特共和国建立了塞梅斯基文化协会。公众也积极从事相关非遗活动，如拍摄电影、制作工艺品等。此外，还有相关游戏将非遗文化融入其中，让青少年体验以及

① 周杰：《智利非物质文化遗产保护政策与法律对中国的启示》，《新丝路学刊》2018年第3期。
② 李模：《南非世界文化遗产的保护和管理》，《西亚非洲》2009年第1期。
③ 徐婉君、杜晓帆：《东南亚文化遗产保护利用现状探析》，《中国文化遗产》2019年第2期。
④ 刘晨：《新加坡非物质文化遗产保护的经验与启示》，《新丝路学刊》2019年第4期。

了解非遗文化。俄罗斯非遗保护意识的深入人心以及公众的广泛参与，是俄罗斯在非遗保护方面最突出的成果。[①] 这种民间机构与政府相互配合、全民参与的保护模式，不仅有效地缓解了政府在保护工作上的压力，充分调动了社会力量，也真正使非遗文化保护工作深入人心。

为增强民族认同感，强调公民参与非遗保护的重要性，保加利亚社区文化中心承担了开展社区非遗文化教育的大部分工作，同时各地社区文化中心实现了文化政策的在地化，保证社区、群体和个人的广泛参与，体现出一种以民众为主体的参与理念以及共同生活在城市、集镇或乡村的普通居民与文化之间的真实互动。[②] 此外，秘鲁文化部也会依据非遗项目实际情况，动员传承人、公益组织和地方社会等多元主体，共同参与到非遗保护中。[③]

4. 打通资金渠道，提供经济支持

“一带一路”共建国家对非物质文化遗产投入了大量资金，并采取了一系列措施吸引更多民间资本，通过与各种团体、企业的合作，为非遗的保护、传承与发展以及非遗文化交流提供了经济支持。

多国政府对非遗给予了财政支持。新加坡政府推出“文化遗产事业援助计划”，为140余个文化遗产项目及传承人提供高达800万新元的资助，并拨款500万新元推出为期4年的“文化遗产资助津贴计划”，进一步帮助个人与团体开展非物质文化遗产保护活动。[④] 一些国家也会对特定的非遗项目予以资金支持。2005年，印度尼西亚的文化和旅游部门为其短剑秘书处的运转提供了资金保障。越南政府分别投资1650亿越南盾和650亿越南盾用于“2013—2015年阶段保护和发扬富寿省川歌——急需保护的人类非物质文化遗产价值”以及“2013—2020年保护与弘扬北

---

① 塔提雅娜·西涅利尼科夫娃：《俄罗斯民间艺术与手工艺保护经验》，载陈平主编《“一带一路”文化遗产合作交流（2017）国际高峰论坛成果集》，社会科学文献出版社，2018，第56—62页。

② 马千里：《“一带一路”国家非物质文化遗产清单编制策略——以保加利亚社区文化中心为个案》，《西北民族研究》2018年第1期。

③ 张青仁、杨慧云：《联结主义的文化实践：秘鲁皮坎特里亚遗产化进程的民族志研究》，《中央民族大学学报（哲学社会科学版）》2022年第3期。

④ 刘晨：《新加坡非物质文化遗产保护的经验与启示》，《新丝路学刊》2019年第4期。

宁官贺民歌和筹歌等非物质文化遗产价值”的非遗研究。[①]

一些国家的非政府机构也积极为非遗募集了资金。智利文化艺术委员会根据不同遗产门类下设的艺术文化发展基金、全国音乐发展基金、全国视听发展基金和文化及原住民教育基金等已经成为智利全国开展非物质文化遗产保护的资金来源，为各类非遗保护机构提供了坚实的资金保障。[②]

此外，很多国家为非遗传承人提供了经济保障。蒙古国在传承人选定方面制定了一份国家级最具天赋的非物质文化遗产传承人名单，为非遗项目持有人群建立相应的风险评估机制，旨在厘清和评估年纪偏大的非遗项目持有人群在未来生活中将要面对的一些风险因素，以制定相应的保护政策。[③] 阿联酋文化部开启了“激励艺术创造”国家计划，为本国文化和创造性知识领域的公司、社会团体和个人提供补助金，帮助他们解决资金困难，做好恢复和扩大生产的准备。[④]

5. 转化传统资源，焕发非遗新活力

除了对非物质文化遗产的认定和保护，庞大的非物质文化遗产资源亟须与当代社会挂钩，找到再造与重生的新的突破口，将非遗文化交流提升至新高度。

一些国家将非遗文化融入现代产品设计，让富有非遗特色文化的设计以其独特的魅力融入世界潮流，开拓出一条新的发展之路。以东南亚地区为例，泰国的时装、珠宝、家具、家饰等产品均发源于传统工艺，设计师在发挥既有优势的基础上，平衡传统和当代文化的设计灵感，融合自然元素，选用藤、麻等彰显泰国风情的典型材质。[⑤] 如乌汶府的泰丝和棉布、清莱府的刺绣、乌隆府的斗篷等，这些都是泰国非物质文化

① 王红：《东南亚各国保护非物质文化遗产的措施》，《东南亚纵横》2015 年第 6 期。

② 周杰：《智利非物质文化遗产保护政策与法律对中国的启示》，《新丝路学刊》2018 年第 3 期。

③ 沈策：《蒙古国非遗保护相关法律政策解读》，《非遗传承研究》2021 年第 4 期。

④ 申十蕾、法正、曹姚瑶：《阿联酋非物质文化遗产保护举措及启示》，《自然与文化遗产研究》2021 年第 6 期。

⑤ 潘鲁生：《非物质文化遗产资源转化的亚洲经验与范式建构》，《民俗研究》2014 年第 2 期。

遗产保护工程的成果。马来西亚也将地方绘画与爪哇蜡染印花法相结合，如吉兰丹地区的风筝，其构架、形状和色彩极具马来西亚特色，成为著名的旅游产品。

很多“一带一路”共建国家将非遗推广与旅游业相结合，把经济效益上升到和文化推广同等重要的地位。例如，旅游业是意大利的支柱产业，其西西里岛的旅游业发展对西西里木偶剧的拯救和弘扬发挥了重要作用。亚洲国家则通过举办一系列旅游节日项目，实现了非遗推广与旅游业的双向发展。如蒙古国举办猎鹰节，以民族特色项目丰富旅游内容，获得了较好的经济效应及社会效益；越南创立顺化传统手工艺节、广南遗产节等旅游性节日，使非物质文化遗产成为地方尖端经济产业，推动了越南中部地区旅游业的发展；① 马来西亚旅游局也举办了文化艺术节，表演马来传统舞台剧、舞蹈、皮影戏等，并且展示传统手工艺品、传统美食和民族服装。菲律宾、柬埔寨则通过开发民俗村推广国家非遗项目，带动旅游业的发展。俄罗斯将民俗旅游作为主要的非遗文化政策，不断探索新的文化形式并创新文化载体，形成有影响力的文化旅游产品。如达吉斯坦共和国的“高地人”民俗节、“多面孔的俄罗斯”全俄民族乐器合奏乐队比赛、全俄民间艺术家作品展等。俄罗斯民俗旅游在借助非物质文化遗产创造经济价值的同时，正努力扩大俄罗斯民族文化在国内外的影响力。②

除此之外，也有一些共建国家不断创新发展模式。例如，克罗地亚引入了影视经济概念来“反哺”旅游产业。自 2012 年起，克罗地亚为在杜布罗夫尼克古城拍摄电影和电视的公司提供高达 20% 的退税优惠政策，③ 通过降低拍摄成本、加快审批速度、公开审批程序等，将当地非遗文化融入影视产品。同时，影视产品的成功会拉动旅游经济发展，能让杜布罗夫尼克市政府有更多的资金投入老城文化遗迹的保护之中，也能加强

① 郝晓静：《越南非物质文化遗产保护机制及其当代进路》，《求索》2013 年第 8 期。

② 闫秋菊、李成、修云明：《俄罗斯非物质文化遗产保护现状及文化政策》，《黑河学院学报》2022 年第 4 期。

③ 林誉平：《波兰文化遗产保护》，载《首届丝绸之路（敦煌）国际文化博览会论文集》编委会编《首届丝绸之路（敦煌）国际文化博览会论文集》，甘肃人民出版社，2017，第 271—272 页。

当地居民的自我认同感和城市凝聚力，提高民众配合政府保护文化遗产的积极性，形成良性循环。

可见，将传统非遗文化与现代文化相结合的多元文化项目可以推动民族传统融入现代文化空间，让非遗焕发新活力，并缩小传统文化与现代生活的距离，吸引更多民众了解并传播本国非遗文化，成为非遗文化的交流使者。

6. 利用新兴技术，加大非遗宣传力度

电视、电影、网络等传播手段可以扩大非物质文化遗产的影响力与知名度，而且有利于提高人民对非物质文化遗产价值的认知。同时，现代技术的广泛应用有助于非遗文化在本地乃至世界范围内的传播。

一些国家将口头表述类、民俗类、文化空间类非物质文化遗产改编成影视作品，实现了非遗的产业化开发，如蒙古国电视作品《蒙古国农历新年》《驼队旋律》，新加坡电视剧《小娘惹》，泰国电影《泰拳》以及越南动画片《灶君》等。① 这些作品旨在在年轻一代中传承并向外国观众介绍当地非遗文化，也为现代文化遗产电视节目的制作奠定了基础。

一些国家利用互联网技术，建立了非遗文化的网络平台。为宣传巴迪克蜡染，印度尼西亚国家博物馆与谷歌公司展开合作，让广大民众可以在网络上观看其制作过程。意大利为其非遗项目——"地中海饮食"专门设立了门户网站，并与意大利的各区域开展合作，共同建设和扩大网站的电子档案库。该网站集合了意大利全境内的众多非物质文化遗产，并提供了非常便捷、清晰和实用的检索模式。② 俄罗斯萨哈（雅库特）共和国充分利用媒体、互联网推广欧隆克史诗，建立了欧隆克电影院等娱乐文化场所，并在休闲产业和基础设施中融入欧隆克元素。布里亚特共和国也在网站上介绍其塞梅斯基服饰、村庄、物质文化等，其中还提

① 王红：《东南亚各国保护非物质文化遗产的措施》，《东南亚纵横》2015 年第 6 期。

② 陈丽洁：《新媒体背景下非物质文化遗产的传播和保护——以意大利非物质文化遗产为例》，《商情》2019 年第 27 期。

供布里亚特的相关旅游信息，为非遗的发展开辟了新方向。①

很多国家积极围绕非遗项目开展网络文化活动，打造文化交流新方式。新加坡政府利用脸书等网络社交平台来吸引年轻一代参与“新加坡小贩文化”的传播，各种传媒机构也积极推广小贩文化，传播其社会文化意义。②阿联酋国家以网络形式传播和传承非物质文化遗产的相关知识。在新冠疫情期间，阿联酋沙迦遗产研究院陆续出版非物质文化遗产相关的线上杂志，举办了一系列国际线上研讨会；阿布扎比文化与旅游部组织了一系列非遗线上宣传活动和线上“历史镜头”培训班，传授高质量拍摄历史和考古遗址的技巧等。③

7. 融入校园教育，储供后备力量

对非遗的保护与传承是代代相传的一份责任与义务。为提升全民的非物质文化遗产保护意识，让年轻一代更加了解和热爱本国非遗文化特色，各国政府都将非遗文化保护工作列入了教育计划，在青少年群体中强化非遗保护理念，为非遗文化交流贡献青春力量做好准备。

一些国家将非遗文化完美地融入教育体系，并贯穿了整个教育阶段。越南富寿省将其春曲民歌教学纳入小学、初中和高中的课程，④河内国家大学也于2007年将水上木偶戏列入正式课程。⑤泰国王室和政府将民间说唱音乐纳入学校教育体系，其中玛哈沙拉坎大学更是形成了本科、硕士、博士三级学科体系。马来西亚将玛蓉剧融入高等艺术学校的必修课程，并且鼓励年轻人不断创新玛蓉剧。俄罗斯萨哈（雅库特）共和国为推广欧隆克，组织筹建教育系统，将欧隆克纳入儿童和青年的教学课

---

① 塔提雅娜·西涅利尼科夫娃：《俄罗斯民间艺术与手工艺保护经验》，载陈平主编《“一带一路”文化遗产合作交流（2017）国际高峰论坛成果集》，社会科学文献出版社，2018，第56—62页。

② 程瑶：《城市环境中的非物质文化遗产保护——以“新加坡小贩文化”的申遗实践为主线》，《民族艺术》2022年第3期。

③ 申十蕾、法正、曹姚瑶：《阿联酋非物质文化遗产保护举措及启示》，《自然与文化遗产研究》2021年第6期。

④ 郝晓静：《越南非物质文化遗产保护机制及其当代进路》，《求索》2013年第8期。

⑤ 王红：《东南亚各国保护非物质文化遗产的措施》，《东南亚纵横》2015年第6期。

程。共和国政府每年还会给这些学校一笔财政拨款，用于举办相关的比赛活动，以发掘有天赋的青少年。① 秘鲁在其《大学法》中提到非遗是“融合和跨文化对话的工具”，认为有必要将非遗教学引入大学教育中，使其成为大学生知识、技能、实践以及人生价值观的来源。②

除了将非遗文化融入教育体系，一些国家还会通过其他方式增强国民的非遗保护意识。印度尼西亚为了传承皮影戏，在日惹市和梭罗市建立了专门传授皮影戏的艺术中心，印尼博物馆也专门招收青年人学习如何制作皮影戏人偶和表演皮影戏。阿尔及利亚政府将遗产地和遗产保护的知识写入教科书，学校还定期组织学生参观遗产地和博物馆。③ 蒙古国自 2019 年起开始启动 2019—2023 年非物质文化遗产保护国家工程，开办非物质文化遗产传习培训班，并开展“非物质文化遗产校园”等活动。④

四、对中国非遗保护、传承与推广的建议

中国目前在非物质文化遗产保护与传承方面面临着一定的挑战。“重申报，轻管理”是中国在非遗保护方面需要正视的问题之一。相对于世界遗产的数量，更应关注对世界遗产的保护责任与义务。不应把申遗结果作为唯一的追求，应把更多的注意力放到申遗成功后的管理、保护和传承上。“重利用、轻保护”是其问题之二。例如，在敦煌莫高窟，因旅游人数增加，游客所呼出的二氧化碳增多，加速了壁画氧化；张家界武陵源曾因滥建旅游设施、游客人数过多，导致植被和自然环境遭到破坏。应把遗产带来的经济效益回馈遗产保护，或通过促进就业让遗产

① 塔提雅娜·西涅利尼科夫娃：《俄罗斯民间艺术与手工艺保护经验》，载陈平主编《“一带一路”文化遗产合作交流（2017）国际高峰论坛成果集》，社会科学文献出版社，2018，第 56—62 页。

② 王元：《“一带一路”沿线国家非遗保护法规概述——以土耳其、克罗地亚、秘鲁三国为例》，《非遗传承研究》2023 年第 1 期。

③ 赵军：《阿尔及利亚非物质文化遗产保护政策及其实践》，《遗产与保护研究》2017 年第 6 期。

④ 沈策：《蒙古国非遗保护相关法律政策解读》，《非遗传承研究》2021 年第 4 期。

地民众直接受益，这样才有助于提高民众保护遗产的积极性，将保护、利用与传承三项任务紧密地结合在一起。为进一步加强我国的非遗保护工作，具体可从以下几个方面入手。

1. 细化非遗保护队伍职能，实现多元社会参与非遗文化交流

当前非遗保护的队伍主要由保护主体与传承主体构成，即政府机构、高等院校与社会团体，以及非遗传承人与区域普通民众。然而，在多方主体共同参与非遗保护的工作中，必要的制度规定与职责划分的缺乏势必会造成各方力量在具体工作中的混乱。因此，有必要对各保护主体的职能范围进行清晰的划分，通过完善的制度来协调各方的关系，使其共同为传承主体服务，更好地促进非遗文化交流。

首先，应明确政府的监测管理职能。在立法层面上，各地政府要基于《中华人民共和国国家非物质文化遗产保护法》的总纲领制定切实可行的法规，对非遗项目采取属地管理、分级保护的制度，让非物质文化遗产项目落地生根，良性发展。在管理层面，各地政府可以建立非遗审批项目的评估制度和检测体系，及时跟进、检测非遗项目的保护传承状况，针对每一个非遗项目做相应的评估并形成报告，使非遗保护从“口号”转变为真正具体的行动。

其次，各类科研高校及社会团体应凭借自身的学术资源和地理资源优势，设立专门的非物质文化遗产研究中心或相关机构及课程，为非遗保护传承提供学术支撑。非遗保护项目研究涉及诸多学科领域，因此需要各领域的机构与专家积极参与其中，并提供学术理论指导。如当前我国与非物质文化遗产研究相关的学术期刊《文化遗产》《民族遗产》《非物质文化遗产研究集刊》等都是依托学术优势促进非遗研究的重要平台。

最后，政府和社会各界应给予非遗传承人足够的重视，并积极调动社会力量。国家不应仅局限于通过发放补助资金的方式来提供支持，更应为非遗传承人提供必要的传习所、传习基地，为他们所传承的非遗项目提供展演舞台，这是新阶段非遗保护的关键所在。同时，应当加大宣

传力度，牢固树立区域民众的非遗保护意识，充分调动区域民众保护非遗的积极性，利用多种途径征集区域普通民众对非遗保护工作的意见和建议，在区域范围内营造出积极抢救和保护非遗的浓厚氛围。保护非物质文化遗产，是整个社会共同的责任，如果没有人民群众的广泛参与，非遗保护就无法取得实质性成效。

2. 联合"一带一路"共建国家，开展"申遗"国际合作

为了让国家非物质文化遗产的申报得到落实，国际合作是一个重要且可行的途径。而且由于当前对申遗项目数量的限制，对于一国而言，某一非遗项目申报成功的可能性也大大降低。因此，以合作的方式进行申报，可以提高申遗成功的概率。比如，在 2014 年的非遗申报工作中，中国将独立申报的唯一名额给予"大运河"项目，同时与哈萨克斯坦和吉尔吉斯斯坦联合申报"丝绸之路：长安-天山廊道的路网"项目，后者使用的是吉尔吉斯斯坦的申遗名额，最终两个项目的申报都获得了成功。此外，申遗国际合作也是搁置争议、加深文化交流的良好方式。比如，希腊和马其顿共和国因"马其顿"这一名称的长期争议，至今没有建立正式外交关系，但两国却在保护马其顿地区历史的问题上达成了合作协定，这也是两国最早的外交合作之一。

为开辟联合申遗的新的可能性，需要各国文化部门积极磋商、加强交流，从而达成文化共识。对于同一类型的非物质文化遗产，各国可以通过合作研究，对其非遗保护找出最优化解。对于不同类型的非物质文化遗产，各国之间的非遗保护部门可以建立互访学习机制，让非遗保护研究者、非遗保护学者以及非遗传承人得到广泛交流、相互学习的机会，同时促进彼此在非遗保护人员管理、制度建设、方法措施等方面的提高。①除此之外，非遗申报需要社会公众的广泛认知和参与，因此，开展"申遗"国际合作有助于加强共建国家之间的民间交流和文化对话，促进民心相通，提高民众对共同文化遗产的认知。

---

① 段友文、郑月：《"后申遗时代"非物质文化遗产保护的社会参与》，《文化遗产》2015 年第 5 期。

3. 推进校园非遗传承，实现非遗可持续发展

学校教育是实现非遗可持续发展的一种重要方式，传承非遗也为学校实施素质教育、促进学生全面发展提供了教育资源。文化部门和教育部门要发挥自身资源整合和调配能力等方面的能动性，将非遗项目与学校教育进行匹配与对接，为学校开展非遗项目实践活动提供资金、人力、政策等方面的支持，调动学校、教师、学生、传承人和其他行动者的积极性，助力非遗文化在学校的普及与传播，促进文教融合发展。

在目前素质教育和“双减”政策实施背景下，学校可与非遗保护单位合作，充分挖掘非遗项目本体所承载的文化因素，将非遗传承人纳入非遗学校传承师资队伍，丰富教师队伍的教学方式。非遗传承人可以依托自己掌握的非遗技能，借助学校平台，通过开设相关课程、组建社团等方式，向学生传授非遗技艺与相关知识，对学生开展“五育”教育，从而促进学生的全面发展，同时提高非遗项目的关注度，让非遗文化得以薪火相传。学生通过相关活动既可以丰富自己的课外生活，又可以了解非遗文化知识，发挥自身创造力，以丰富非遗的表现形式，促进非遗项目的创新发展。福州市在非遗工作中积极推广“非遗进校园”活动，确立了 80 多所非遗示范校，参与非遗活动学生的年均人数高达 20 万人。同时，各校依托非遗名录项目打造特色校本课程，编写相关校本教材，如福州台江第四中心小学围绕“茶亭十番音乐”编写教材，台江实验小学则把闽剧纳入课堂主渠道，聘请专业老师或艺术家参与教学。[①] 总之，“非遗走进校园”可进一步挖掘非遗项目本体的内隐价值，激活非遗育人价值，依托教育实现青年赋权，增强青少年的文化自觉。

4. 借力新兴媒体形式，扩大非遗辐射范围

2023 年 8 月，中国互联网络信息中心发布第 52 次《中国互联网络发展状况统计报告》（以下简称《报告》）。《报告》显示，截至 2023 年

① 杨志敏：《论非物质文化遗产进校园的方式与价值——以福州市“非遗进校园”为例》，《郑州师范教育》2023 年第 5 期。

6月，我国网民规模达10.79亿人，互联网普及率达76.4%，即时通信、网络视频、短视频的用户规模仍稳居前三。① 在短视频快速发展的大背景下，年轻人在获取信息时喜欢追求"短、平、快"，且短视频传播信息的形式具有观点鲜明、内容集中、言简意赅的特点，便于被用户理解与接受，而其发布渠道多样、互动性强的优势又进一步加快了信息的裂变式传播。抖音发布的《2022非遗数据报告》显示，抖音通过短视频推送、制造话题等方式发挥平台优势，国家级非遗项目相关视频播放总量达3726亿次，获赞总数为94亿次，视频内容所覆盖的国家级非遗项目达99.74%。同时，与上一年相比，在抖音"非遗合伙人计划""看见手艺计划"等项目的助力下，非遗项目直播场次同比增长642%，濒危非遗视频播放量同比增长60%。② 因此，非遗的推广要及时跟进当下整体趋势，在保证线下非遗宣讲活动正常开展的基础上，增加与优质线上非遗项目的合作，以短视频作为抓手推动线下非遗活动的有效开展。

政府的财政支出可以适当向线上倾斜，对好的线上平台给予更多支持，积极鼓励优秀的新媒体公司与非遗传承人合作。基层政府可邀请新媒体人才开设短视频制作培训课程或直播培训课程，帮助非遗传承人熟悉短视频发布或直播方法，并及时帮助其总结规律、改进作品和直播的方式，从而更有效地提升非遗传播的效果及效率。非遗传承人要不断创新视频内容，除展现传承人的高超技艺及非遗产品的制作过程之外，相关视频的制作手法也需要符合大众审美，这样才能吸引到更多用户的关注。新媒体平台也应借助自身优势，将非遗相关内容设为推荐内容，让专业的宣发团队帮助非遗传承人获得更多关注。

对于非遗而言，新媒体的发展提供了一个重新展示自身、积极融入新时代的契机。利用好短视频这一信息传播手段，对进一步弘扬非遗文化、激活其内在生命力、传承非遗工艺和非遗精神大有益处。

---

① 《第52次〈中国互联网络发展状况统计报告〉》，中国互联网络信息中心网站，https://www.cnnic.cn/n4/2023/0828/c88-10829.html，访问日期：2023年9月1日。

② 《抖音2022非遗数据报告：濒危非遗视频播放量同比增长60%》，央广网，http://news.cnr.cn/local/dfrd/jj/20220612/t20220612_525861440.shtml，访问日期：2023年9月1日。

5. 运用数字技术，创新非遗发展模式

在新时代，只有运用新的方法理念，借助新的技术手段，才能对传统非遗实现最佳的保护与传承。虚拟现实（VR）、增强现实（AR）、混合现实（MR）、全息投影、3D 扫描与重建、人工智能等数字技术的不断发展，给非遗文化的保护与传承带来了新的机遇。数字技术和传统技艺之间的碰撞，也能为非遗文化注入崭新的时代元素，从而吸引更多的群体，特别是年轻人进一步关注、了解并喜爱非遗文化，让古老的非遗文化焕发新的时代活力。

通过数字化技术的应用，可以将一些涉及非遗的实物档案转化成电子文本格式进行保存，并建立有效的电子平台和相应的数据库。以南京大学艺术学院的“ZHI 艺”非物质文化遗产虚拟展示平台为例，该平台对南京传统手工艺非遗项目进行数字转化及虚拟展示，目前已收集 1758 张高清大图，涵盖 461 分钟录音及 691 条视频的口述史，通过视觉化、数字化的方式建立对非遗传统工艺的当代解读，在更大范围内传播南京市非遗传统手工艺的相关文化知识。①

此外，可以根据不同非遗项目的特点和不同用户的需求，以数字化交互平台展示系统为基石，利用 VR、AR、MR 等虚拟与现实交互技术开发不同类型的非遗体验项目，并将线上与线下有机融合，打破时空界限，实现资源共享，为大众非遗体验带来从“在线”到“到场”的感知力重构。例如，在首届数字中国建设峰会的数字非遗板块中，观众通过扫描 AR 卡片、AR 电子书等就能随时随地欣赏三维非遗展品，同时还可以了解和分享非遗故事。观众也可以戴上 VR 眼镜、操控手柄全程体验制作“农民漆画”等非遗项目，以一种沉浸式、立体化的方式体验学习非遗手工艺的乐趣。② 除此之外，还可以在线下构建沉浸式交互体验场景，将文字、影像、声音、气味作为载体，综合运用视、听、触、闻等多感

---

① 史轩：《数字化技术为非遗创新发展赋能》，中国社会科学网，https://www.cssn.cn/skgz/bwyc/202305/t20230518_5638866.shtml，访问日期：2023 年 9 月 1 日。

② 张开羽：《数字非遗亮相首届数字中国建设峰会》，搜狐网，https://www.sohu.com/a/229043353_800960，访问日期：2023 年 9 月 1 日。

官互动手段，融通认知、教育、娱乐、审美等多种功能，进而构造出一种全新的传播方式，以实现受众对非遗传承多维度的体验。

五、结语

对非物质文化遗产的保护、传承与推广是一项复杂且需要长期坚持的工作。在保护世界人民共享的非物质文化遗产方面，共建“一带一路”倡议为共建国家和地区在非遗领域开展交流与合作创造了更多的可能性。为更好地促进共建国家非遗的交流与合作，我国可在借鉴他国经验的基础上，逐步建立起更为完善的非物质文化遗产保护制度和体制机制，在全社会形成自觉保护非遗的意识和良好氛围，并运用先进的方式方法、借助科学的技术手段等，以实现对传统非遗的保护、传承与创新，更好地传承和弘扬中华优秀传统文化，建设社会主义文化强国。

张梦迪 *

余华作品在“一带一路”共建国家译本封面的多模态翻译研究

〔**摘　要**〕译本封面是外国读者认识作品译本的第一扇窗口，其本质是使用语言符号和图像符号对书籍内容及主题进行多模态解释。自 20 世纪 90 年代起，中国当代著名作家余华的作品逐渐进入“一带一路”共建国家，截至 2022 年年底，共有 10 种相关语言的译本出版。本文从多模态翻译视角分析余华作品在“一带一路”共建国家的译本封面，从横向的时间跨度和纵向的国际差异两个层面剖析译本封面的多模态翻译实践及其应用效果，以期为进一步加强中国与“一带一路”共建国家在当代文学领域的交流互鉴提供一定的理论指导。研究建议，译本应当侧重于使用高图像性封面，同时灵活运用翻译方式，使译本封面与文本内容相得益彰。

〔**关键词**〕余华作品；“一带一路”共建国家；译本封面；多模态翻译

* 张梦迪，首都师范大学外国语学院外国语言学及应用语言学硕士研究生。

一、引言

余华是中国当代著名作家。截至 2022 年年底，其代表作《活着》《许三观卖血记》《兄弟》《在细雨中呼喊》等在“一带一路”共建国家被翻译为阿拉伯语、俄语、捷克语、塞尔维亚语、斯洛伐克语、泰语、希腊语、意大利语、印尼语、越南语等 10 个语种，在共建国家传播广泛。(表 1)《活着》更是在 1998 年获得意大利文学最高奖——格林扎纳·卡佛文学奖。

据笔者调查，“一带一路”共建国家对余华作品的引进情况如下：《活着》有 10 个语种的译本，《许三观卖血记》《兄弟》《第七天》也有较多数量的语种译本。（表 1）体裁上，除《世事如烟》和《我没有自己的名字》两部为中短篇小说集外，其他作品均为长篇小说。

表 1　余华作品在“一带一路”共建国家译本数量统计（截至 2022 年 12 月）

语种	作品					
	《在细雨中呼喊》	《活着》	《许三观卖血记》	《兄弟》	《十个字看中国》	《第七天》
阿拉伯语	1	1	1	—	—	1
俄语	—	2	1	1	1	1
捷克语	—	1	—	1	1	1
塞尔维亚语	—	1	1	—	1	1
斯洛伐克语	—	1	1	2	1	1
泰语	1	1	1	1	—	1
希腊语	—	1	—	—	—	—
意大利语	2	2	2	2	1	1
印尼语	—	1	1	1	—	—
越南语	1	3	1	3	—	—

资料来源：作者自制。

封面包含作者、出版社、书名等语言符号，也包含与作品相关的非语言符号（图像符号）。各国在引进译本时，一般会重新设计封面。在这一过程中，图书信息转换为目的语语言符号，作品中的文字符号或其他延伸内容转换为图像符号。这种既包含语际翻译，又涉及语言符号和图像符号间符际翻译的翻译实践被称为多模态翻译。译本封面是外国读者认识译本的第一扇窗口，是推广译本强有力的辅助。优秀的译本封面能吸引读者的目光，其阐释作用贯穿整个阅读过程，与文本相得益彰。封面的多模态翻译既关联着文本的图像表述与言说方式，又沉淀着作家的文学观念与时代演绎的特征，以其独特的形式传递着当代的语图关系。①目前学界对余华作品在“一带一路”共建国家的译本封面关注较少，相关学术研究与译介实践有所脱节。

因此，本研究选取余华多部作品在“一带一路”共建国家 10 个语种译本的封面，以其多模态翻译现象为研究对象，探究译本封面设计的多模态翻译实践和其中折射出的中国与“一带一路”共建国家文化交流与文明互鉴情况。

二、多模态翻译视角下的译本封面设计

翻译活动总是发生在“符号学网”中，其中一些属于同一符号系统（即语际翻译），而另一些则跨越不同的符号系统（即符际翻译）。语际翻译是指一种文字符号系统与另一种文字符号系统之间的翻译，符际翻译是指文字符号系统与非文字符号系统之间的翻译。封面是一种多模态产物，包括文字标题以及非文字的符号信息。设计者依据书籍的主要内容提取关键信息，并通过文字和图像等多种元素向读者传达信息。译本的封面设计一方面涉及不同文字间的转换（如书名的翻译），即语际翻译；另一方面涉及符号属性的变化（从文字符号转变为图像符号），即

① 邱丹、吴玉杰：《先锋派文学作品封面图像的“语图互文”现象》，《辽宁大学学报（哲学社会科学版）》2018 年第 4 期。

符际翻译。[①] 因此，书籍封面翻译包括两个层次的解释工作：第一层次是理解书籍的主要内容并提炼其关键符号元素，这一层次的基础是语际翻译；第二层次是将语言符号转换为视觉图像符号，这是一种从语言符号系统转换到非文字符号系统的符际翻译。无论是从作品内容中提取视觉符号表现作品并吸引读者的注意，还是设计全新的图像符号与作品主题构成隐喻，封面设计的过程都可能受到作者意图、读者期望、出版策略、设计师创造力、文化传统、市场趋势（在本地和全球范围内）等多种因素的影响。

三、多模态翻译视角下的余华作品译本封面分析

根据多模态翻译理论，余华作品在"一带一路"共建国家的 10 个语种的译本封面可分为如下几类："图文弱相关"式封面、体现归化策略的"重塑"式封面、体现中国文化内涵的"语图互文"式封面、弱化文化特质的现代性隐喻封面。

1. "图文弱相关"式封面

"图文弱相关"式封面可以分为低图像性封面和对作品"误读"的译本封面。高图像性译本封面包含多种元素，如物件、人物、活动和社会环境等。而低图像性的封面一般具有以下特征：（1）只有书名、作者、译者、出版社等基本信息；（2）高度留白，图像元素的运用方式较为朴素；（3）设计与学术著作类似。[②] 这类书籍封面往往只包含标题、作者姓名和其他极其简洁的语言元素。

余华作品的阿拉伯语译本和越南语译本封面是典型的低图像性封面，这些译本封面仅以语言符号标注作品信息，缺少与作品内容相关的图像符号来辅助读者理解作品或是吸引读者的注意力。（图 1、图 2、图 3）

---

① 吴平：《〈骆驼祥子〉译本封面的多模态符际翻译研究》，《浙江大学学报（人文社会科学版）》2020 年第 2 期。

② 吴平：《〈骆驼祥子〉译本封面的多模态符际翻译研究》，《浙江大学学报（人文社会科学版）》2020 年第 2 期。

图 1 《活着》阿拉伯语译本

图 2 《第七天》阿拉伯语译本

图 3 《活着》越南语译本

还有的译本封面对作品叙事和主题存在明显误读，包括借用的电影元素与作品特色不匹配、选用的图像与作品特色不匹配两种情况。如图 4 与图 5 所示，《活着》的希腊语译本属于第一种误读，《活着》的塞尔维亚语译本属于第二种误读。

1992 年，余华在《收获》杂志发表长篇小说《活着》。1994 年，《活着》被改编为同名电影。同年，该片获得第 47 届戛纳国际电影节评审团大奖、人道精神奖以及第 48 届英国电影学院奖的最佳外语片奖。此后，《活着》的希腊语译本于 1994 年出版，译本选取了同名电影中饰演福贵妻子“家珍”的演员巩俐的电影海报作为封面。希腊语译本封面在图书和读者之间构建了对视的场景。福贵的妻子“家珍”抱着他们年幼的女儿。孩子小小的个子，站在椅子上搂着妈妈的胳膊，看向妈妈身后，而妈妈环抱着孩子瘦小的身躯，以锐利的眼神直视镜头。这个译本的封面或许能引发读者的好奇心，但问题在于，“家珍”并非作品的主人公。因此，译本封面为了加强宣传效果，反而可能导致一定程度的误读，即图不对文，或图文弱相关。读者会怀着对“家珍”的好奇开始阅读，却迟迟无法在书中发现这位东方女子的踪影。

图 4 《活着》希腊语译本

图 5 《活着》塞尔维亚语译本

《活着》的塞尔维亚语译本则选取了两个器皿为中心图案，下方铺垫草席。整幅封面以深灰色为主色调，整体色彩较为压抑，既不完全符合中国传统美学的特点，又不同于塞尔维亚本土的艺术风格，与源语国家和目的语国家的艺术风格均有所偏离。可见，译入国在设计译本封面时，如果对文化元素的使用不够精准，就会出现语图不匹配的现象，甚至有可能导致读者对作品内容产生错误的认知。

2. 体现归化策略的“重塑式”封面

归化（Domestication）和异化（Foreignization）是美国著名翻译理论家劳伦斯·韦努蒂（Lawrence Venuti）于 1995 年在《译者的隐身》一书中提出的有关译者态度和翻译策略的术语。[①] 译本封面设计的归化策略是指译本的封面设计采用目的语国家更为熟悉的艺术风格，这是目的语语境下对作品主题的重新阐释。俄语译本和意大利语译本的封面就体现了鲜明的归化策略。

余华的《活着》《许三观卖血记》《兄弟》三部作品的俄语译本封面具有高度统一性。首先，三部作品的俄语译本封面都将书名的首字母作放大处理，首字母占封面近 1/4 的面积，余华的名字则统一放置于封面右上角，字体较大，十分明显。其次，三个译本封面的主要视觉意象均与作品内容相呼应，抓取了较为准确的作品元素，且均选择速写风格

① Lawrence Venuti, *The Translator's Invisibility* (London and New York: Routledge, 1995), p. 15.

的视觉意象置于题目下方。《活着》的俄语译本封面选择牛和农民作为主要视觉意象。封面上，一位头戴斗笠的瘦削农民扶着犁跟在耕牛后，其脚下是寥寥几笔勾勒出的田地，这正是作品的核心内容：老牛与福贵相依为命，任劳任怨。此外，牛在整部小说中也是一条暗线，它们的生存状态和人的命运紧密相连。(图 6)《许三观卖血记》的俄语译本封面则选取了一个小镇作为视觉意象，用简洁的黑色线条勾勒出平房、电线、马路和两个挑担的人。两个人物均以简笔描绘，没有五官和表情，不禁令人好奇。以上两个俄语译本封面均选用红黄两色作为配色，以黑色点缀，对比鲜明，视觉冲击力强，与作品蕴含的苦难、生命力等内容暗自呼应。(图 7)《兄弟》的俄语译本封面则使用了粉色、灰色、白色三种配色，以黑色的简笔画人物点缀。视觉符号虽然占据较小面积，但留白充足，引导读者将目光聚焦在两个并肩而坐的人物上。画面上方是一个白色的圆形，像一个巨大的镜头，在窥探两人的生活。镜头与人物的大小关系对比强烈，体现出人物在大时代洪流中的渺小。(图 8) 总的来说，三部作品的俄语译本封面设计美学水平高，艺术风格也较为统一，体现出简洁但极具戏剧性和张力的俄式艺术风格。

图 6 《活着》俄语译本

图 7 《许三观卖血记》俄语译本

图 8 《兄弟》俄语译本

如图 9、图 10、图 11 所示,《许三观卖血记》和《兄弟》两部作品的三个意大利语译本均采用了人物形象作为封面视觉符号,呈现出荒诞滑稽的现代风格,与余华作品本身带有荒诞笔触的先锋文学风格不谋而合。这个人物形象似乎处于难以抑制的狂喜状态中,笑容十分夸张,双目紧闭,透露出一种乐极生悲的意味,仿佛是故事主人公在历尽人生艰难后的尽情释放。

图 12 的《活着》意大利语译本封面则采用了截然不同的风格,选用做旧的牛皮纸色调,选取动植物作为图像符号,呈现出一派自然的景象。封面的正中央是本书的译名,且使用祈使语气和感叹号,体现出万物静谧生长、人类艰难度日的主题。

图 9 《许三观卖血记》意大利语译本

图 10 《兄弟》意大利语译本

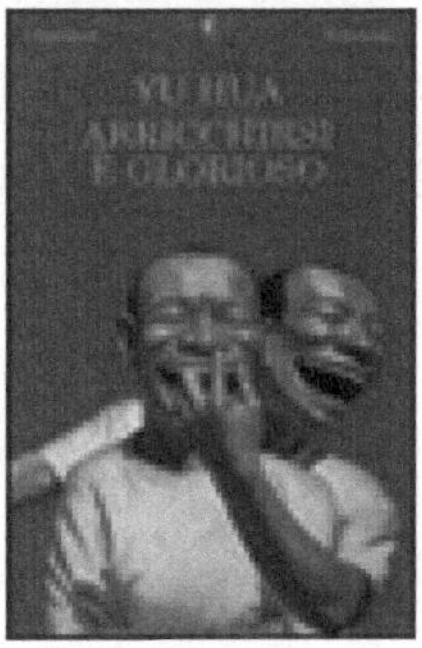

图 11 《兄弟》意大利语译本

图 12 《活着》意大利语译本

3. 体现中国文化内涵的“语图互文”式封面

学者邱丹和吴玉杰对包括余华在内的中国先锋派文学作家的作品封面进行了深入研究，指出封面和作品的“语图互文”现象至少可在三个层面中探寻：一是封面图像指涉的叙事功能，构成了文本隐喻的表征与互补；二是文本叙事表达中对绘画技艺的运用；三是文本抽象语言中具象画面的呈现与封面具象图像所隐藏的立意之间的互释共生。[①] 有一些中国文学作品的译本封面就选取了作品里具有中国特色的视觉符号，与文本形成互文，即邱丹和吴玉杰所表述的第一个层面的“语图互文”。这类封面更偏向于译本封面设计的异化方式，即保留作品的中国文化特质，其体现出的鲜明的中国风格视觉特征也成为目的语国家图书市场上一抹亮丽的风景。

如图 13、图 14 所示，《许三观卖血记》的印尼语译本和泰语译本均标注了中文书名，并将余华的名字放大，放置于图案下方单独展示。印尼语译本封面以正红色为底色，下方展示了一个中国标志性的饮食器皿——青花瓷碗。泰语译本更加直接地选取了一个盛有暗红色液体的白色瓷碗作为封面的视觉符号，和作品内容相呼应，在整体上更具有视觉冲击力和现实主义色彩。值得一提的是，泰国引进的余华作品数量较多，在所研究的 10 个语种中仅次于意大利语。同时，如图 14、图 15 所示，两部作品的泰语译本封面具有高度统一性，如语言符号位置和形式相同，封面图像均为高清图片且无边框，并且均标注了英文、中文书名。这种具有高度的连续性和丰富的多语种设计元素也体现出了泰国图书市场对余华和中国文化的认可和重视。

① 邱丹、吴玉杰：《先锋派文学作品封面图像的“语图互文”现象》，《辽宁大学学报（哲学社会科学版）》2018 年第 4 期。

图 13 《许三观卖血记》印尼语译本

图 14 《许三观卖血记》泰语译本

图 15 《兄弟》泰语译本

如图 16、图 17、图 18 所示，意大利的另一出版社也未采用归化的设计方式设计译本封面，包括余华的散文集《在细雨中呼喊》和两部小说《活着》《许三观卖血记》的译本。该出版社选用了极具中国南方水乡特色的艺术风格。此外，封面上语言符号的呈现形式也保持了高度一致：出版社相关信息均以三行文字的形态出现在封面左边的上方或下方；作品和作者信息分为两部分，第一行均为白色字体的余华英文名，接下来使用另一颜色作品标注作品译名。封面顶端还有统一的斜线边框。同时，这三部作品封面的非语言符号也与作品内容极为匹配。《活着》的意大利语译本封面是一位在水田中用牛犁田的农民，选取了与俄语译本相似的符号，但使用了极为写实的照片，可见两个封面在设计理念上并不相同。农民的五官隐藏在斗笠下的阴影中，看不到他的表情。在《许三观卖血记》意大利语译本的封面中，这位瘦削的农民又似乎变成了许三观，为了生计他屡次卖血，命运坎坷。绯色晚霞，日薄西山，他正对着红日静静伫立，向着远方眺望，背影显示出一丝犹疑，似乎在无言地诉说着自己的故事。《在细雨中呼喊》的意大利语译本封面上也出现了头戴斗笠的人物形象，他牵牛荷锄走在大树下，日光从树缝里照进来，却照不见他的身影。戴斗笠的中国农民是这三个译本封面共同的元素特征，读者很容易将这三部作品联系起来。

图 16 《活着》
意大利语译本

图 17 《许三观卖血记》
意大利语译本

图 18 《在细雨中呼喊》
意大利语译本

4. 弱化文化特质的现代性隐喻封面

如果说体现中国文化内涵的“语图互文”式封面是邱丹和吴玉杰所阐述的第一个“语图互文”层面，那么本研究所分析的译本封面的多模态翻译中还出现了更深层次的“语图互文”现象，即邱丹和吴玉杰指出的第三个“语图互文”层面：文本抽象语言中具象画面的呈现与封面具象图像所隐藏的立意之间的互释共生。① 这些译本封面使用隐喻性的图像符号，与故事情节遥相呼应，形成了深层次的互文。在选择图像符号时，封面弱化了中国和目的语国家的文化特质，使用全球广泛通用的图像符号。这类图像符号是生活中常见的一些物品，反而能够引起读者的好奇心，让读者在阅读的过程中逐渐理解图像符号的隐喻意味，并将这一过程当作审美体验的一部分，深化对作品内容的理解。

《许三观卖血记》阿拉伯语译本的封面就属于弱化文化特质的现代性隐喻封面。与其他国家一样，该译本封面抓住“血”这一鲜明的元素，但并没有将血液放置在器皿里，而是选择了更具有艺术性的“手”作为隐喻。封面的两只手一上一下，各自代表了流血方与承接方，暗示血液的给予与受益关系。(图 19)《兄弟》越南语译本封面的图像符号是

① 邱丹、吴玉杰：《先锋派文学作品封面图像的“语图互文”现象》，《辽宁大学学报（哲学社会科学版）》2018 年第 4 期。

两根弯曲的钉子，像两个佝偻的人背对背而坐。其浓重的黑红配色增添了一丝严肃和沉重的氛围，呼应了故事中荒诞沉重的时代。(图 20)《兄弟》捷克语译本封面则是将两条鱼作为主要的图像符号。花色迥异的两条鱼在同一片荷塘里生活，正如作品中性格迥异的两兄弟。(图 21)《活着》的另一俄语译本大胆地为作品设计了具有科技风格的封面。封面正中间是一个牛头，背景是一行行极小字号的白色文字，搭配深蓝色底色，像是一行行代码，整体上充满科技感。试想，福贵一生命运多舛，最终与自己的耕牛相依为命，他的种种遭遇何尝不是来自命运之手的操纵呢？人的力量如此渺小，只能机械式地顺从命运，就像一台被程序操纵的机器一般。(图 22)

图 19 《许三观卖血记》阿拉伯语译本

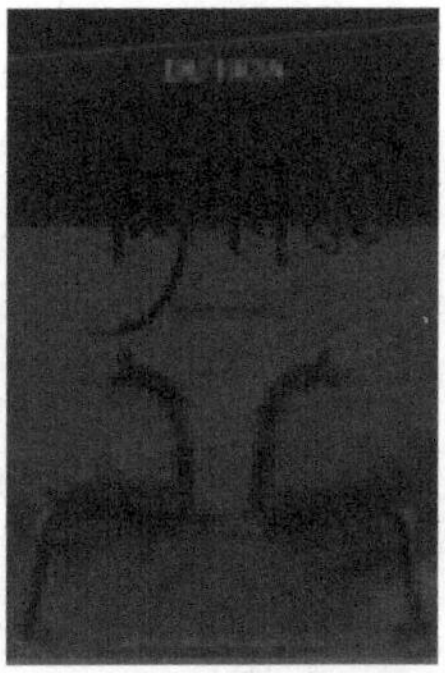

图 20 《兄弟》越南语译本

图 21 《兄弟》捷克语译本

图 22 《活着》俄语译本

《第七天》的封面设计更加现代化。《第七天》的俄语译本封面设计了“燃烧的火柴”这一具有隐喻性质的图像符号。封面中心位置放着 7 根火柴，它们的燃烧程度各不相同。最右边完全燃烧的火柴被切成了一段段，凌乱的形状恰似一个低头站立的人。火柴上方晕染出的一大片红色，好似一团火，与作品“火化”的故事情节遥相呼应。此外，作者名与书名均占据较大面积，置于突出位置。(图 23)《第七天》的泰语译本封面上是一个冰人的形象：冰人身材瘦削，脚尖有水滴向下滴落，手边的一摊水好似已经融化的部分。这个正在融化的冰人传达出了一种时间的紧迫感，与作品的主题十分契合。(图 24) 而捷克语译本也将余华的名字作放大处理，并保留了余华的中文签名。封面的背景是一幢房子，主要图像符号是一个手拎旅行包的人，象征着作品的主人公即将开始一段亡灵之旅。(图 25)

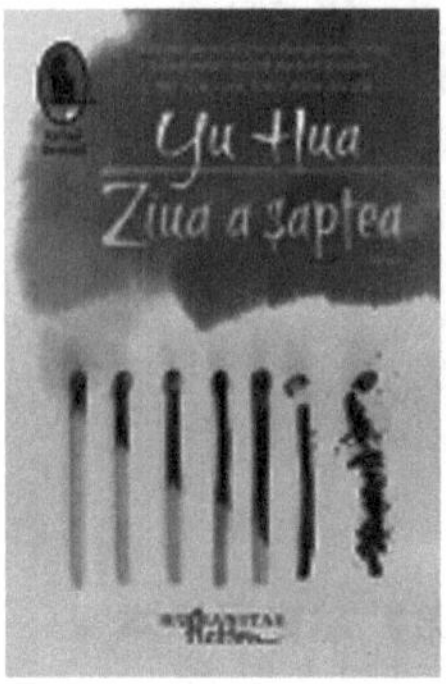

图 23 《第七天》俄语译本

图 24 《第七天》泰语译本

图 25 《第七天》捷克语译本

总的来说，从历时角度看，余华作品在目的语市场的译本封面在不同时期呈现出不同的特点。其少数早期的译本封面为低图像封面。同时，早期和中期译本的封面图像符号更加强调文化特质：或是强调目的语国家文化特质，在目的语语境下重新阐释作品内容和主题，成为归化方式的创新性封面；或是强调中国文化特质，吸引读者“猎奇”，成为体现中国内涵的“语图互文”式封面。后期，余华的作品逐渐得到国际认可，其获奖作品和新作的译本封面往往将其姓名进行较为明显的放大处理，设计元素也更加现代化，由此产生了极具现代艺术风格的现代性隐喻封面。中国其他当代作家的海外译本封面也有类似处理。孙宇在研究莫言小说英译本的封面图像时也指出：随着时间的推移，作为赞助人的西方出版社在封面图像中以“东方主义”的思维逻辑来满足读者猎奇心理的做法逐渐改变，具有不同时代特征、异质文化元素，以及主题隐喻的封面设计，在21世纪开始受到域外读者的欢迎。[①]

从共时角度看，余华作品的译本封面在不同国家各有特点。本研究所关注的10个语种的译本中，俄语译本封面的多模态翻译多为归化方式，越南语译本和印尼语译本封面的多模态翻译多为异化方式，阿拉伯语译本封面的图文弱相关现象较为突出。而在文化繁荣的意大利，其出版社引进的余华作品数量最多，且设计译本封面普遍具有较高的艺术水准，因此，意大利语译本既有体现归化策略的“重塑式”封面，也有体现中国文化内涵的“语图互文”式封面。

四、关于文学作品译本封面设计的启示

译本封面设计是一种多模态翻译实践，它将作品抽象的语言符号转化为图像符号，或延伸为其他隐喻性的图像符号，构建出不同程度的“语图互文”。审视译本封面的多模态翻译实践，需要从封面的应用价值出发。因此，在今后“一带一路”共建国家对中国文学译本封面的多模态翻译实践中，应该更加注重图像符号的丰富性和准确性，并鼓励海外出版社设计现代性隐喻封面，使译本封面与文本内容相得益彰。

第一，应尽量避免“图文弱相关”式的封面。此类封面只是简单地将书名、作者等信息进行语际翻译，并没有借助图像符号对作品内容和主题进行符际翻译，也就是开展多模态翻译，因此无法体现译本封面应有的市场价值、美学价值。第二，封面的多模态翻译首先应该充分应用符际翻译，从作品中提取图像符号或者选取其他图像符号，与作品内容

① 孙宇：《文学图像论视域下莫言小说英译本封面图像内涵解析》，《当代作家评论》2020年第1期。

和主题构成互文或隐喻，构建高图像性封面。相较于文字符号，图像符号更加直观、生动，具有视觉冲击力，读者在书店、图书馆、线上网店、书籍网站浏览译本时，图像符号的传播效率更高。第三，译本封面的多模态翻译也可以像文本翻译一样采用归化或者异化两种方式。归化的翻译方式贴合目的语国家的民族文化特点，塑造出的体现归化策略的“重塑式”封面会令目的语国家的读者感到亲切，可以作为桥梁，将读者逐渐引入另一个语种的叙事。而异化的翻译方式则是尽量保留源语国家的图像符号、文字符号，这样体现中国文化内涵的“语图互文”式封面可以令目的语国家读者对作品体现的中国文化有直观的感受，也代表了对作品本身的高度认可和对中国文化的尊重和重视。第四，随着书籍出版业的全球化发展，弱化文化特质的现代性隐喻封面也不失为译本封面翻译的一个新的选择。弱化文化特质的现代性隐喻封面的出现意味着“一带一路”共建国家互联互通程度的不断加深，这种抽象性特质突出的封面也更能彰显书籍的文学特质，将在未来的译本封面多模态翻译实践中占据重要的一席之地。

因此，今后的译本封面多模态翻译实践应当在保证图像符号丰富性和准确性的基础上，结合目的语市场的具体情况选择图像符号的翻译方式。使用归化翻译的方式时，应当避免封面图像符号对文本内容造成误读；使用异化翻译的方式时，要避免“图不对文”。总之，如何在文学类书籍的封面设计当中体现出文化特征是需要不断考量和细细打磨的。①

① 董丽华：《文学类书籍封面设计的文化性特征》，《中国造纸》2021 年第 6 期。

谢辛若*

“一带一路”科技创新合作的成就、挑战与路径

〔摘　要〕在共建“一带一路”倡议的大背景下，国际科技合作机制不断完善，中国与“一带一路”共建国家之间的科技合作水平不断提升，取得了丰硕科技合作成果。但在当今世界格局下，各共建国家的科技创新能力参差不齐，文化差异较大，受“科技脱钩”的干扰以及各高新技术企业参与力度不足等影响，“一带一路”科技合作面临诸多挑战。推进“一带一路”国际科技合作，需要各国携手应对，共同打造互利共赢的科技创新命运共同体，推动“一带一路”科技合作红利惠及各国。

〔关键词〕“一带一路”；科技创新合作；科技创新命运共同体

一、引言

2017 年 5 月，习近平总书记在首届“一带一路”国际合作高峰论坛

* 谢辛若，北京第二外国语学院中国“一带一路”研究院助理研究员。

上提出“一带一路”科技创新行动计划，指出要将“一带一路”建成创新之路，坚持创新驱动发展，加强在数字经济、人工智能、纳米技术、量子计算机等前沿领域合作，推动大数据、云计算、智慧城市建设，连接成21世纪的数字丝绸之路。[①] 2019年4月，习近平总书记再次提到要共同把握数字化、网络化、智能化发展机遇，建设数字丝绸之路、创新丝绸之路。[②]

如果说贸易是过去全球化的动力，那么科学技术则是现在以及未来全球化的动力。新冠疫情的蔓延让世界各国越发意识到科学技术是未来国家发展的重要手段。当前“一带一路”共建国家面临包括疫情防控、粮食安全、气候变化、水资源短缺和卫生健康在内的各种全球性挑战。“一带一路”科技创新合作是促进共建国家可持续发展以及解决与各国休戚相关的重大全球问题的重要途径。在重要的全球性科技问题上达成共识，促进共建国家间紧密的科技合作，为共建国家的经济发展、社会进步以及人民生活注入新的活力，使科技发展成果能够更好地惠及“一带一路”共建国家民众，有利于各国共同应对人类挑战，推动全人类共同进步。

二、“一带一路”科技创新合作的成就

近年来，中国与“一带一路”共建国家不断加强和完善“一带一路”科技合作建设，深入拓展多领域的合作，让各类科技合作机制日益完善。截至2023年，我国已经与160多个国家和地区建立了科技合作关系，签订了117个政府间的科技合作协定，[③] 为科技创新合作的顺利推进提供了制度与法律保障。在科技合作协定的背景下，中国与共建国家建

---

① 《习近平在“一带一路”国际合作高峰论坛开幕式上的演讲》，中国共产党新闻网，http://cpc.people.com.cn/n1/2017/0515/c64094-29274601.html，访问日期：2023年11月28日。

② 《习近平在第二届“一带一路”国际合作高峰论坛开幕式上的主旨演讲》，中国共产党新闻网，http://cpc.people.com.cn/n1/2019/0426/c64094-31052479.html，访问日期：2023年11月28日。

③ 《目前我国已与160多个国家与地区建立了科技合作关系》，新华网，http://www.news.cn/2023-05/15/c_1129615118.htm，访问日期：2023年11月28日。

立科技合作联委会机制，各联委会作为政府间最高级别的科技合作机构，在规划及指导未来科技合作方向方面发挥着重要的作用。如表 1 所示，2013 年以来，中国与东南亚、南亚、中亚、欧洲、中东欧等地区各国和国际组织联合举办科技创新大会，成立科技合作和技术转移中心，开展科技创新对话，提升科技创新伙伴关系等。科技合作机制的成熟让各国之间的科技创新合作前景变得更加广阔。

表 1　2013—2021 年中国与"一带一路"共建国家及地区的科技合作情况

地区	成立年份	科技合作机制
东亚	2015 年	中蒙技术转移暨创新合作大会（蒙古国）
东南亚	2013 年	中国-东盟技术转移与创新合作大会
	2013 年	中国-东盟海洋科技合作论坛
	2017 年	中国-东盟科技产业合作论坛
南亚	2015 年	中国-南亚科技伙伴计划
	2015 年	中国-南亚技术转移与创新合作大会
中亚	2014 年	中国-中亚科技创新合作论坛
	2017 年	中土科学创新论坛（土库曼斯坦）
非洲	2021 年	2021 中非创新合作大会
拉美和加勒比	2015 年	中国-拉美和加勒比国家共同体（拉共体）科技创新论坛
	2015 年	第二届中巴高级别科技创新对话（巴西）
欧洲	2013 年	中欧创新对话
	2015 年	亚欧科技创新合作论坛
	2015 年	中欧科技创新合作发展论坛
	2016 年	第四届中德创新大会（德国）
	2017 年	中比科技创新对话（比利时）
	2018 年	中俄科技合作联盟（俄罗斯）
	2020—2021 年	互办"中俄科技创新年"（俄罗斯）
	2021 年	中白合作交流协同创新会议（白俄罗斯）

续表

地区	成立年份	科技合作机制
中东欧	2016 年	中国-中东欧国家创新合作大会
	2018 年	中国-中东欧国家科技创新伙伴计划
	2021 年	中国-中东欧国家青年科技人才论坛
阿拉伯	2017 年	中国-阿拉伯国家技术转移与创新合作大会

资料来源：作者根据公开资料整理。

深入实施“一带一路”科技创新行动计划至今，中国与共建国家已在科技人文交流、共建联合实验室、科技园区合作、技术转移这四个方面取得丰硕成果。

在科技人文交流方面，中国与共建国家的科研机构、大学及企业在医疗、生态环境、农业等多领域展开合作研究，为未来科技创新合作奠定人才基础。中国实施了“发展中国家杰出青年科学家来华工作计划”，旨在促进中国与共建国家的科技人文交流，合作培养青年科技领军人才，建立长期的科技合作关系，为各国青年科技人文交流、国际科技创新合作搭建平台。截至 2018 年，“国际杰青计划”开放国别增加至 66 个，国内参与单位已覆盖 28 个省市。[①] 除此之外，中国与共建国家和地区具体规划青年科学家交流计划，如中国-南非青年科学家交流计划、中国-韩国青年科学家交流计划、中国-泰国青年科学家交流计划。在共建“一带一路”倡议框架下，中国科学院联合共建国家和地区的科研机构、相关国际科技组织于 2018 年成立“一带一路”国际科学组织联盟，旨在推动共建国家在科技、创新和能力建设方面的国际合作。可见，共建“一带一路”倡议提出后，中国始终重视与共建国家的科技人文交流并开展相关项目，有效提升了交流的广度与深度。

在共建联合实验室方面，中国与“一带一路”共建国家在生物技术、新能源、人工智能、卫生健康等领域已启动建设了 53 家“一带一

① 《“国际杰青计划”：科技人文交流的桥梁》，光明网，https://news.gmw.cn/2019-04/12/content_32735072.htm，访问日期：2023 年 11 月 28 日。

路”联合实验室①，如中国-俄罗斯极地技术与装备“一带一路”联合实验室、中国-奥地利人工智能与先进制造“一带一路”联合实验室等。这些联合实验室作为国家对外科技合作创新最高级别的平台，始终对接中国与共建国家的科学技术需求，正通过双边务实合作为“一带一路”科技创新建设提供有力支撑。

在科技园区合作方面，中国与多个国家建立了科技园区合作关系，如中国-比利时科技园、中国-白俄罗斯科技园、中国-罗马尼亚农业科技园等。这些科技园区的建立能够吸引国家高新技术产业，形成集聚效应，在最大程度上实现科技资源共享，形成资源优势互补，从而提升中国与共建国家整体的科技实力与科技水平。

在技术转移方面，中国与东盟、南亚、中亚、中东欧、阿拉伯国家和非洲共同打造了6个国家级技术转移平台，基本形成了“一带一路”技术转移网络，极大地促进了国家间技术转移转化以及产业化落地，实现了科技创新资源的有效整合。

三、“一带一路”科技创新合作面临的挑战

1. 科技创新能力参差不齐

2021年，世界知识产权组织发布了《2021年全球创新指数报告》，报告显示共建国家与瑞士、瑞典、美国等发达国家在科技创新能力方面差距明显。同时，如表2所示，共建国家之间的科技创新能力也参差不齐，科技创新水平相差较大。

① 《“一带一路”日益成为科技合作创新之路（专家解读）》，人民网，http://world.people.com.cn/n1/2022/1212/c1002-32585443.html，访问日期：2023年11月28日。

表 2　2021 年部分“一带一路”共建国家创新指数排名

序号	国家	GII 得分	世界排名	收入组别	序号	国家	GII 得分	世界排名	收入组别
1	韩国	59.3	5	高	23	秘鲁	31.2	70	中偏上
2	新加坡	57.8	8	高	24	突尼斯	30.7	71	中偏下
3	中国	54.8	12	中偏上	25	科威特	29.9	72	高
4	以色列	53.4	15	高	26	阿曼	29.4	76	高
5	爱沙尼亚	49.9	20	高	27	摩洛哥	29.3	77	中偏下
6	卢森堡	49.0	23	高	28	巴林	28.8	78	高
7	马耳他	47.1	27	高	29	哈萨克斯坦	28.6	79	中偏上
8	塞浦路斯	46.7	28	高	30	约旦	28.3	81	中偏上
9	斯洛文尼亚	44.1	31	高	31	巴拿马	28.0	83	高
10	马来西亚	41.9	36	中偏上	32	印度尼西亚	27.1	87	中偏下
11	拉脱维亚	40.0	38	高	33	厄瓜多尔	25.4	91	中偏上
12	波兰	39.9	40	高	34	黎巴嫩	25.1	92	中偏上
13	土耳其	38.3	41	中偏上	35	多米尼加	25.1	93	中偏上
14	泰国	37.2	43	中偏上	36	埃及	25.1	94	中偏下
15	越南	37.0	44	中偏下	37	斯里兰卡	25.1	95	中偏下
16	印度	36.4	46	中偏下	38	萨尔瓦多	25.0	96	中偏下
17	乌克兰	35.6	49	中偏下	39	巴基斯坦	24.4	99	中偏下
18	黑山	35.4	50	中偏上	40	塔吉克斯坦	23.9	103	下
19	菲律宾	35.3	51	中偏下	41	孟加拉国	20.2	116	中偏下
20	蒙古国	34.2	58	中偏下	42	阿尔及利亚	19.9	120	中偏下
21	南非	32.7	61	中偏上	43	喀麦隆	19.7	123	中偏下
22	卡塔尔	31.5	68	高	44	也门	15.4	131	下

资料来源：作者根据《2021 年全球创新指数报告》整理。

全球创新指数（GII）的排名显示，国家间的经济差距在一定程度上会造成科技创新能力的差距。“一带一路”共建国家中，部分高收入经济体的创新能力明显高于其他经济体，而部分国家虽是高收入经济体，但其创新能力并没有实现突破。比如卡塔尔、阿曼、科威特、巴林、巴拿马等国家的创新指数排名相较于其他高收入经济体来说相对较低，这说明科技创新能力并不完全由经济水平决定。

2021 年报告认为，受新冠疫情影响，许多国家、地区以及企业都加大了对创新的投入。相较于 2020 年的全球创新指数排名，“一带一路”部分共建国家的名次在 2021 年有所提升，其中马来西亚、土耳其、越南、印度、乌克兰、黑山等中等收入国家在 2021 年均跻身全球创新指数排名前 50 位。这一排名的提升恰恰证明它们有潜力改变全球创新格局，同时也证明，这些国家已经意识到与其他国家之间的科技创新差距，意识到科学技术对于国家发展的重要性。

将 2021 年与 2020 年全球创新指数比较后可以发现，东亚以及东南亚地区的部分共建国家在主动缩小与欧洲、北美洲创新指数较高国家之间的创新鸿沟。而西亚、中亚、南亚、北非、拉美以及撒哈拉以南非洲地区的共建国家在创新指数方面依旧较为落后，劣势明显。主要原因在于，这些共建国家目前处于工业化发展的初期或者中期阶段，不仅缺乏资金、技术、人才，也缺乏科技创新的意识。比如科威特目前正致力于实施“2035 国家愿景”，强调着重发展基建，建设多样化、可持续的经济，但规划大多停留在发展基础建设方面，科技创新方面的内容较少。这也是导致中国与共建国家合作领域多停留在经济贸易和基础设施建设等层面，而科技合作的基础相对薄弱的原因之一。

2. 各国文化差异较大

“一带一路”共建国家之间的文化差异是各国在经济发展、社会制度、意识形态、历史文化、自然环境、社会价值以及宗教信仰等诸多因素影响下经过长期复杂的过程而形成的。文化差异也导致了各国对共建“一带一路”倡议的认知差异。中国与“一带一路”共建国家的文化差异主要体现在以下三个方面。

一是语言差异。改革开放以来，中国与欧美国家的文化交流较多，对广大发展中国家语言和文化了解不够深入。语言沟通、学习和文化传播等方面的问题间接制约了中国和“一带一路”共建国家的科技创新交流与合作。

二是宗教信仰差异。各共建国家的宗教信仰不同，如中东欧以信奉基督教为主，西亚、北非以伊斯兰教为主，而南亚以佛教、印度教和伊斯兰教为主等。突出的宗教信仰差异使中国与“一带一路”共建国家在科技创新合作方面面临潜在的风险。

三是民众价值观差异。共建国家民众之间价值观的差异也会进一步影响双方的科技创新合作动力，同时会降低两国企业间科技合作的期待值。据霍夫斯泰德对中国和“一带一路”共建国家文化价值观的评估，90%以上国家的国民比中国更厌恶风险，他们追求的是相对稳定，尤其是中亚、西亚以及中东欧等地区的国家，其民众对新鲜事物的接受程度相比中国偏低。同时，由于深受西方文化的影响，绝大多数国家的民众相对追求个人主义，即更强调市场竞争对经济增长的积极效应和决定作用。①

文化差异在某种程度上会增加科技创新合作的成本。对于一些企业来说，语言的障碍、宗教的差异、价值观的碰撞和信息的不对称会导致科技投资风险大大提高，降低投资者的信心和合作方之间的信任度。同时，外部环境的干扰在无形之中也会扩大文化差异的影响，在一定程度上限制中国与“一带一路”共建国家的经济与科技合作。

3. “科技脱钩”的干扰

自 2018 年以来，美国以“威胁国家安全”为由，不断对中国科技企业进行制裁，不仅禁止本国企业与中国科技企业合作，甚至向一些欧洲国家施压，让它们拒绝与中国科技企业合作。英国、法国等国家曾经将华为的 5G 技术看作其未来移动网络发展的关键组成部分，现在也都

① 《主动应对文化差异 助推“一带一路”区域合作》，“走出去”导航网，https://investgo.cn/article/gb/fxbg/201704/374191.html，访问日期：2023 年 11 月 28 日。

转变了态度。①

美国逐步收紧针对中国的高科技出口管制，旨在对中国的前沿科研技术进行封锁。在数据方面，美国通过立法提出《国家安全与个人数据保护法案》，阻止中美两国数据的自由流动。在市场方面，美国试图在产业链、供应链以及价值链方面与中国进行科技“脱钩”。② 比如美国前总统特朗普就多次呼吁苹果公司将工厂迁回美国本土，拉动本国就业。在科技人才交流方面，美国对中国留学生颁布了签证新规，收紧了签证审批。同时，美国还认为一些留美的海外人才和外国专家以牺牲美国利益为代价，将自己所学的知识、经验和技术带回中国，因而对旅美华人学者加强了监控。③ 上述“科技脱钩”的种种表现不利于共建国家享受全球科技红利、上移价值定位、推动国家经济增长以及促进国家间合作。④

4. 高新技术企业参与力度不足

随着数字技术革命的兴起，开放包容的“一带一路”建设也将朝着数字化的方向推进。科技将是推动数字丝绸之路建设的主要驱动力，而高新技术企业的重要作用不容忽视。加快数字技术与基础设施建设的融合速度，可以为未来科技企业之间的合作提供广阔的前景。然而，高新技术企业在开展科技合作时，面临着各类挑战，导致其参与度较低。

一是共建国家自身科技实力参差不齐。“一带一路”共建国家科技创新能力水平不同，因而各国的技术标准也有所不同。⑤ 发达国家的科技创新能力较强，对技术水平的要求较为严格，但我国部分高新技术企

① 汪丽：《应对“科技冷战”，“一带一路”科技创新国际合作行稳致远》，《信息安全与通信保密》2019 年第 8 期。

② 李峥：《美国推动中美科技“脱钩”的深层动因及长期趋势》，《现代国际关系》2020 年第 1 期。

③ 孙海泳：《美国对华科技施压战略：发展态势、战略逻辑与影响因素》，《现代国际关系》2019 年第 1 期。

④ 汪丽：《应对“科技冷战”，“一带一路”科技创新国际合作行稳致远》，《信息安全与通信保密》2019 年第 8 期。

⑤ 刘浩：《高新技术企业在“一带一路”倡议下的发展研究》，《现代商贸工业》2017 年第 32 期。

业的科技实力与发达国家存在差距，可能影响与发达国家高新技术企业的科技合作。同时，“一带一路”共建国家多为发展中国家，科技创新能力相对较差，中国虽然能在一定程度上为其提供技术援助，但往往处于“单向输出”状态，双方还未真正做到“双向交互”和互利共赢。而且发展中国家科技市场的需求规模不大，科技合作需求相对较低，高新技术企业的合作空间相对较小。

二是高新技术企业自身能力不一。部分小型科技企业存在自主创新能力不足、融资困难等问题，难以研发出满足需求的高科技产品，很难参与到大型科技合作中来。此外，很多企业还会面临一些行业巨头的垄断，无法享受科技合作带来的红利。①

三是内外部环境的干扰。一些西方国家刻意抹黑中国形象，将共建“一带一路”倡议描述为“马歇尔计划”，宣扬“中国威胁论”，有意阻碍“一带一路”国际科技合作，一定程度上会干扰部分高新技术企业进行科技合作的意愿与信心。同时，各国的法律制度、营商环境、贸易壁垒、知识产权保护等因素也会在某种程度上影响科技企业，尤其是中小型科技企业之间的合作。因此，高新技术企业在进行科技合作的同时，不得不充分考虑该国的内外部环境变化，防范不确定性给科技企业带来的商业风险。②

四、“一带一路”科技创新合作路径

1. 构建“一带一路”科技创新命运共同体

构建“一带一路”科技创新命运共同体能够全方位、多层次地提高与共建国家科技创新合作的水平和质量，这对共建国家实现未来可持续发展具有重要的意义。世界科技发展水平已经同各国的经济、文化、社

① 魏喜武、薛霞：《上海高企深度参与“一带一路”建设的调查与思考》，《科技中国》2021年第3期。

② 刘浩：《高新技术企业在“一带一路”倡议下的发展研究》，《现代商贸工业》2017年第32期。

会、生态等产生明显协同效应，将会对全人类的文明演进和全球创新治理体系产生深远影响。为顺应科技创新合作趋势，可在共建“一带一路”倡议和人类命运共同体理念的基础上，提出构建“一带一路”科技创新命运共同体。构建人类命运共同体理念可以为助力“一带一路”科技创新合作提供指引，“一带一路”科技创新合作也将为构建人类命运共同体注入强劲动力。

要以各类科技园区为依托，共建“一带一路”科技创新合作平台，为组织、开展科技创新活动提供重要支撑。也要充分发挥共建国家的资源比较优势，通过以资源换技术、以技术换市场获取最大效益。比如，俄罗斯、哈萨克斯坦等国油气资源丰厚，捷克、波兰等国机械制造经验丰富，新加坡、以色列等国科技实力较强，不同国家都可为科技创新共同体建设提供基础。在科技创新合作平台的基础上，可以共建多领域合作研究中心，结合“一带一路”共建国家的实际情况和重大科技需求，围绕重点领域和关键性技术问题，展开联合技术攻关。除此之外，还可以建立科技资源信息交流数据库和技术转移信息平台，推动科技创新成果转化，促进科技创新成果共享，提升共建国家的创新能力，降低科技合作方案的对接难度，促进科技创新共同体建设。①

在共建国家实现资源优势互补的过程中，需要建立利益协调机制，为科技创新共同体建设提供机制保障。这一机制有利于实现科技创新合作的公平性以及长久性，吸引更多共建国家参与到科技创新共同体的建设中，提高“一带一路”共建国家的整体科技创新能力。同时，推动“一带一路”科技创新共同体离不开法律法规的保障，完善的法律法规有助于共建国家在科技创新共同体中获取共同利益。可与共建国家在“共商、共建、共享”的原则上协商制定相关法律法规，并针对主体的多样性、法治文化的差异性进行完善，明确各国的权利、责任与义务，营造良好的科研环境，推动科技合作平台的有序运转。②

---

① 李文君、梁丽芝：《构建“一带一路”科技创新共同体的意义、挑战及建议》，《科技促进发展》2020年第7期。

② 李文君、梁丽芝：《构建“一带一路”科技创新共同体的意义、挑战及建议》，《科技促进发展》2020年第7期。

2. 加强共建国家之间的科技人文交流

科技人文交流是推动“一带一路”创新之路建设的重要驱动力，对加强科技人才的培养、增进民心相通、进一步推动科技创新合作具有重要意义。

语言文化差异、民众价值观差异、地理距离等是影响科技人文交流的重要因素。可依托“孔子学院”和“孔子课堂”，加强共建国家民众对中国文化的理解与认知，充分挖掘民众对“古丝绸之路”的记忆资源，构建文化共享系统，从而缩短文化距离。在推进科技人文交流项目时，要充分运用现代智能技术手段，如通过对人工智能翻译、翻译机器人的应用，实现语言能力的提升与语言障碍的突破，让共建国家享受专业的语言翻译服务，帮助科技人才更好地适应工作内容，为科技交流与合作提供强大的人文支撑。

由于部分“一带一路”共建国家对科技创新合作的重视程度不高，缺乏对科技合作相关政策的支持以及科研资金的投入，可充分利用数字技术手段，如5G+8K高清视频技术等，将线下科技人才交流计划、科技园区建设管理国际培训班等项目转为线上项目，以节约合作成本。要鼓励和支持各国科技人才参与线上多领域学术研讨会议，聚焦生物医药、人工智能等新兴技术领域开展研讨和交流，进一步节约交流成本，提高交流效率，推动各国加强网络云端对话，① 实现各国科技人才“云交流”，以壮大科技人才队伍，深化科技人才交流，挖掘科技合作机会，打造多领域、多层次、多元化的“一带一路”科技朋友圈。

3. 发挥青年在科技创新中的主体作用

青年是科技创新发展的主力军，也是共建国家未来发展的主体力量。“一带一路”共建国家在引进国际青年科技人才时，需要注意对本土青年科技人才的培养，加大对青年科技人才的投入力度和政策支持。青年

① 田晓翌、张楠、员涛、赵新力：《“一带一路”科技人文交流的影响因素分析》，《东北亚经济研究》2020年第6期。

科技人才大多处于起步阶段，科技创新成果的产出更需要足够的经费和时间的积累，因此，要打造青年科技创新合作平台，优化各类青年科技人才发展项目的实施过程以及相关奖项的设立，集聚共建国家的青年科技人才，支持和鼓励广大科技青年人才发挥创新精神，激发青年科技人才的最大潜力与创造力，为“一带一路”科技创新合作提供人才支撑。①

“一带一路”青年创新联盟、“一带一路”青年论坛等青年组织要发挥桥梁作用。自 2017 年以来，为促进青年国际合作与交流，我国每年定期举办“一带一路”青年创新大会，为共建国家青年学者的科技成果交流与思想碰撞搭建了稳定且可持续的平台。各国及国际组织可举办“一带一路”青年科技创新技能大赛，强化青年的科技创新意识，为各国青年“走出去”提供科技交流互动平台。优秀青年也会以更加开放的国际视野和胸襟，本着合作共赢的理念走向世界，用创新创业实践弘扬新时代的“丝路精神”。

共建国家的各大高校应对接国家科技创新发展战略，完善相应的教育制度，以适应科技社会发展的需求。比如，中国部分高校设立人工智能专业，新加坡国立大学新增包括数字化和通信技术、机器智能及应用等在内的计算机工程专业，这都是面对数字时代发展培养相应青年科技人才队伍的典型示范。各共建国家应将创新意识、创新思维、科学家精神等贯穿整个教育过程，提升科技人才的培养质量。同时，科技创新企业要成为“一带一路”国际青年交流合作的孵化器和支持者，营造浓厚的科研创新氛围，给予青年勇于创新的机会，鼓励青年将创新思维转化为创新成果，让新时代青年科技人才为“一带一路”科技创新合作注入核心力量。

同时，“一带一路”青年科技人才要严格要求自己，深入学习科学家精神，将科技强国理念深深植入脑中，将历史使命牢牢记在心中，发挥专业特色优势，融入科技创新发展，积极把握每一次科技交流的机会，

---

① 陈敏、刘佐菁、陈杰、陈建新：《完善青年科技人才支持政策对策建议——以广东省为例》，《科技管理研究》2019 年第 6 期。

提升自身的科技创新能力，同时为本国的“一带一路”科技创新建设贡献自己的力量。

4. 积极开展科技外交

近年来，科技外交已经成为国家间交往的重要途径，为建设人类命运共同体发挥着独特作用。科技外交不仅是科技项目的合作，更是共建国家之间的科技对话，是促进多边科技合作、推动科技创新发展、改善多边关系的重要途径。

共建国家在制定外交战略时应融入科技元素，更新科技外交理念，构建多主体、多维度、立体化的科技外交新格局。各国外交部门和科技部门应协同合作，推动国家科技战略对接，促进国内国际科技创新资源双循环。① 同时，各国应积极推进全面战略伙伴关系向全面科技伙伴关系深入发展，通过签订科技合作协议、增加国际科技合作经费投入、提高国际科技计划对外开放水平、支持参与国际科技合作计划、便利科技人员签证办理等方式，发展和强化与共建国家的科技创新伙伴关系。还需增加我国在“一带一路”共建国家中的科技外交官布点，解决“一带一路”共建国家及地区企业在科技合作方面信息获取渠道少的问题。

民间科技交流与合作也是科技外交的重要组成部分。在当前国际形势下，小规模、多样化的国际民间交流可能成为更有效的合作方式。民间科技外交更能够聚焦目标群体，建立更紧密的联系，激发科技合作潜力。以中国科学技术协会为例，中国科学技术协会可联合“一带一路”共建国家相关科研机构及组织，积极开展科技创新研讨交流，促进国际科学技术合作，发展同国外科学技术团体和科学技术工作者的友好交往。各民间科技交流组织应积极参与并推动有关国际科技组织中长期规划编制，将共建“一带一路”倡议和科技创新共同体等思想融入国际科技组织治理体系，为服务国家外交大局提供有效支撑。此外，还应充分发挥

① 付震宇：《“一带一路”上的科技外交助推力》，人民画报社网站，http://www.rmhb.com.cn/zt/ydyl/202103/t20210317_800240596.html，访问日期：2023 年 11 月 18 日。

科技智库在科技外交中的作用，加强与"一带一路"共建国家科研机构和科技智库的交流合作，以强化思想策源能力，汇聚创新战略共识，加强共建国家的科技力量配置。①

5. 推进区域科技创新协作网络建设

习近平总书记在2021年中关村论坛开幕式上致辞表示，中国高度重视科技创新，致力于推动全球科技创新协作，将以更加开放的态度加强国际科技交流，积极参与全球创新网络，共同推进基础研究，推动科技成果转化，培育经济发展新动能，加强知识产权保护，营造一流创新生态，塑造科技向善理念，完善全球科技治理，更好增进人类福祉。② 中国可以在共建"一带一路"倡议的背景下，发挥中国电网、通信等方面的数字技术优势，与"一带一路"共建国家共同推进区域科技创新协作网络的建设与发展。

应充分发挥区域科技创新网络的"四大效应"，即中心效应、集群效应、多层次效应和辐射带动效应。③ 通过建设"一带一路"科技创新中心，加快科学技术研发，共建国家可在科技创新领域不断取得突破。科技创新中心是科技创新网络的重要节点，④ 中国可与各共建国家合作，通过打造科技创新中心，促进人才、技术、成果等创新要素的自由流动，并进行有效整合，科学合理布局区域科技创新战略力量，逐步构建区域科技创新网络。因此，各共建国家和地区应立足自身科技创新优势，对科学创新能力相对薄弱的国家和地区进行科技援助，推动科技要素在区域内快速流动。同时，具备科技创新优势的国家和地区之间应充分进行优势互补，进一步整体提升区域科技创新网络水平。而缺乏科技创新能

---

① 王慧中、文皓、樊永刚：《国际科技外交发展趋势及政策启示》，《世界科技研究与发展》2019年第6期。

② 《习近平向2021中关村论坛视频致贺》，中国政府网，https://www.gov.cn/xinwen/2021-09/24/content_5639144.htm，访问日期：2023年11月18日。

③ 王光辉：《以区域创新网络支撑中国科创崛起》，光明网，https://news.gmw.cn/2021-06/17/content_34927291.htm，访问日期：2023年11月18日。

④ 丁明磊、王革：《中国的全球科创中心建设：战略与路径》，《人民论坛·学术前沿》2020年第6期。

力的国家和地区可以结合自身科技创新发展需求，积极把握区域科技创新网络优势，打造国家科技创新“拐点”，快速提升自身的科技创新能力水平。

目前中国已经与多个“一带一路”共建国家签署科技合作协议，应在此基础上形成科技合作共识，进一步深化科技合作，逐步构建有效治理机制，[①]形成各国普遍认同的规则和制度，最终打造出成熟完善的“一带一路”区域科技创新网络，实现共建国家及地区科技水平自立自强的目标。

五、结语

推进科技创新交流与合作顺应科技全球化发展的趋势和潮流，符合“一带一路”共建国家目前的现实发展要求，有利于对接共建国家间的国家战略契合点以及利益汇合点。共建“一带一路”倡议为共建国家间的科技创新合作提供了广阔的发展空间，为共建国家科技发展提供了新的历史机遇。中国作为共建“一带一路”倡议和人类命运共同体理念的倡导者和践行者，其现有的科技创新实力和积极推动多领域合作的态度，为“一带一路”科技创新合作奠定了坚实基础。共建国家应秉持人类命运共同体理念，在科学技术的赋能下，推动科技命运共同体的建设与发展，提升“一带一路”共建国家的科技创新实力，共同携手应对全球性挑战，突破科技发展困境。

在“一带一路”科技创新合作的过程中，各共建国家要克服挑战，深入参与世界科技创新，推动科技全球化朝着更加包容开放、互利共赢的方向发展。中国也应积极推进构建科技创新共同体，加强同共建国家之间的科技人文交流，搭建“一带一路”青年科技交流合作平台，运用科技外交手段强化科技创新合作力度，组建区域科技创新网络等，发挥共建国家间的比较优势，加快与共建国家的科技创新资源整合，推动

① 田杰棠：《扎实推进“一带一路”创新共同体建设》，《中国经济时报》2017 年 5 月 15 日，第 5 版。

“一带一路”共建国家整体科技创新实力的大幅提升。相信在共建“一带一路”倡议下，中国与共建国家将在科技创新合作框架协议下不断加强科技交流与合作，为应对全球性挑战和实现长远可持续发展发挥不可替代的作用。

第三部分

人才培养篇

2022/2023

Annual Report on Cultural Diplomacy of China's Belt and Road Initiative in 2022/2023

宋军英 *

“一带一路”文明交流互鉴背景下高校国际化人才培养的探索与实践

〔**摘　要**〕随着共建“一带一路”倡议的推进，共建国家和地区对国际化人才的需求日益旺盛。作为高等教育人才培养的摇篮，国内高校也面临着国际化人才培养的机遇与挑战。本文就国内高校国际化人才培养路径进行研究，提出高校要精准对接“一带一路”人才需求，大力推动与共建国家高校的合作，健全人才交流培养机制，以此助力国内高校高水平国际化人才培养。

〔**关键词**〕“一带一路”；国际化人才培养；高校合作

一、引言

共建“一带一路”倡议作为推动中外文化交流和经济合作的纽带，极大提升了中国对外开放的广度、深度和水平，迫切要求我国高等教育加大开放力度、推进高等教育国际化发展。面对国际化人才短缺、国际人才培养力度不够等问题，高校作为高等人才的培养摇篮，必须发挥引

* 宋军英，北京理工大学外国语学院博士研究生，主要研究方向为外国文学。

领作用，积极探索国际化人才培养模式，培养既具有国际视野和竞争力，又具备某一专业领域知识的国际复合型人才。

二、“一带一路”文明交流互鉴背景下高校国际化人才培养的内涵

现如今，让高等教育能够紧跟国家发展战略，培养出更高质量、更深层次、更加开放的现代化国际人才，已成为高校的重点努力方向。共建“一带一路”倡议的提出，使得高校国际化人才培养不仅有了更为明确的目标，也为高校国际化人才培养提供了更为宽广的平台。高校国际化人才培养的内涵不再局限于语言学习，而是随着倡议的提出在不断深化和扩展，具体体现在以下方面。

1. 培养目标的延伸

现代意义上的高校国际化人才培养的发展历程可以追溯到 20 世纪 80 年代。中国实行对外开放政策后，开始大力推动高等教育的国际化发展，积极开展国际交流与合作，培养具有跨文化沟通能力的高水平人才。随着共建“一带一路”倡议的提出，高校国际化人才培养的目标不再局限于培养学生的跨文化沟通能力，开始更加注重培养学生的全球化思维和国际化视野，使其能够更好地参与“一带一路”背景下的中外交流与合作。

2. 国际合作办学的发展

此前的高校国际化人才的培养方式主要是派遣留学生到发达国家学习。“一带一路”背景下的高校国际化人才培养不仅有留学这一方式，还有不同国家间的合作办学等手段。通过与国外高校开展联合培养，国际合作办学能使学生在国内获得与国外发达国家教育水平相当的教育资源和学习体验。

3. 实践和创新能力的培养

过去的高校国际化人才的培养手段较为单一，主要侧重于对理论知识的传授，但对实践运用的教学不足，很多高校并没有把实践和创新能力列为人才培养的主要目标。共建“一带一路”倡议提出后，需要更多的实践型、创新型人才为“一带一路”经济发展和交流合作服务，因此，高校需要注重培养学生的实践能力和创新能力，激发学生的创造力和创新精神。此外，高校还需要培养复合型人才，使他们既要有相应的外语背景，又要精通某些专业领域，以便能用外语更正确、及时地沟通交流，促进“一带一路”共建国家间的友好交流合作。

三、“一带一路”文明交流互鉴背景下高校国际化人才培养的现状

1. 高校国际化人才培养存在的问题与挑战

（1）人才培养模式存在偏差

当前，国内高校在国际化人才培养方面存在的问题主要有以下两点。一是不能精准对接国家人才需求。“一带一路”背景下，国家迫切需要全球领导型、高端技术型、创新创业型、金融领军型、人文交流型的国际化人才，以推动“五通”发展。① 高校在人才培养的具体环节中容易受到原有发展模式的限制，往往过于强调外语语言能力的训练，忽视社会及文化层面的引导。然而，会说外语不能等同于“国际化人才”，高校现有的人才培养模式难以真正满足共建“一带一路”倡议的人才需求。② 二是忽视具体情况，没有针对本校的实际情况进行合理定位。国

① 辛越优、倪好：《国际化人才联通“一带一路”：角色、需求与策略》，《高校教育管理》2016年第4期。

② 陈海燕：《“一带一路”战略实施与新型国际化人才培养》，《中国高教研究》2017年第6期。

内各高校在办学资质、教育资源、教学能力等方面存在较大差异，同时在地理分布上有着明显的不均衡现象。因此，应该结合自身的地理区位优势、学校发展特点，做到“一校一策”，选择最适合自身的人才培养方案，不能盲目追求同步化、同质化。[①]

（2）课程设置缺乏张力

课程是人才培养的关键一环。“一带一路”背景下，国家迫切需要具有广阔国际视野、扎实专业学识、高超沟通能力、宽广文化胸襟的人才，这就意味着高校课程必须进行改革创新。然而，完善的课程体系建设并非一日之功，各高校在实际操作环节中难免会遇到一些问题。

首先，课程目标难以兼顾精准性和灵活性。共建“一带一路”倡议要求国际化人才具备某些必备的品质，如扎实的专业知识、流畅的交流能力以及文化差异认知等。高校可以将其中的部分目标尽量具体化、精确化，并落实到教学实际，然而由于“一带一路”共建国家多、合作项目涉及领域广、文化差异大等现实情况，课程目标同时也应具有开放性和灵活性。但在具体的教学环节，课程的精准性和灵活性往往难以得到兼顾。

其次，课程内容难以兼顾丰富性和凝练性。高素质国际化人才的培养往往需要丰富的课程内容安排，以促进学生素质的全面提升。因而高校要改变原有单一、扁平的课程内容设计，不断拓展课程的广度和深度。如有研究者认为，国际化课程包括显性课程和隐性课程，其中，显性课程指以教师为主要场所的显性学习的过程，隐性课程是对国际性的校园文化的统称。[②] 以技能诀窍、视野与洞察力、人格特质、价值取向为主要内容的隐性课程，能够极大地帮助学生提升国际核心竞争力。[③] 然而，在校学习时间的有限性使得高校又必须注重人才培养的高效性，即安排最为高效精炼的显性课程内容，以帮助学生在最短的时间内获得能力的

---

① 严勇、周建华：《地方高校国际化卓越人才培养机制研究》，《中国高校科技》2019 年第 9 期。

② 张应强、姜远谋：《后疫情时代我国高等教育国际化向何处去》，《高等教育研究》2020 年第 12 期。

③ 王展硕、赵岑：《高校在地国际化的隐性课程体系内涵及实现路径研究》，《高教探索》2022 年第 5 期。

最大提升，这就导致课程内容的丰富性和凝练性很难得到兼顾。

最后，课程评价难以兼顾稳定性和变通性。从宏观层面看，高校在进行课程评价时仍然依据较为固定的评价依据和标准。然而，"一带一路"共建国家所需要的人才在评价标准方面存在差异，这就要求各个高校要保持课程评价的灵活性，无论是在评价标准还是在评价方式方面，都要根据实际合作需要而灵活变通，这显然给国内各高校提出了较高的要求。

（3）人文资源互通平台不够完善

共建"一带一路"倡议为形成全方位、多层次、宽领域的国际交流与合作新格局起到了至关重要的作用。当前，国内高校缺乏人文资源互通的渠道和机制。不同院校的背景、资源、发展需求等都存在差异，这些差异使得国内高校在国际化人才的培养定位、资金投入、资源动员等方面存在较大的差距。因此，有必要搭建国内语言和文化学习交流的共享平台，这样既能促进不同类型高校学生之间的互动交流，同时又能集中资源，为国际化人才提供最丰富、最便利的学习条件。

从国际上看，各国间的资源互通平台也有待建立和完善。要想进行全方位、多层次、宽领域的交流合作，建立起有效的国际语言文化交流平台尤为重要。一旦以语言和文化为中心、以重点合作项目为切入点、以专业学习为背景建立起国际交流平台，就可以极大地推动我国与各共建国家开展更直接、更高效的交流活动，加深双方对彼此教育现状的全面了解。但这无疑是一个不小的挑战。例如，意大利教育部高等教育和国际化司负责人钦奎巴米博士就表示，尽管中意双方建立了合作机制，但双方仍旧对彼此的教育体系缺乏正确的认知。①

（4）人才交流机制有待健全

亲身实践对国际化人才培养至关重要。只有亲身融入现实的国际交往，感受国外的风土人情和文化观念，才能够真正将知识转化成实用的

---

① 《"中国教育的'一带一路'同样通往意大利"——访意大利教育部高等教育和国际化司负责人钦奎巴米博士》，中华人民共和国教育部网站，http://www.moe.gov.cn/jyb_xwfb/moe_2082/zl_2018n/2018_zl91/201901/t20190102_365642.html，访问日期：2022年12月20日。

技能，助力“一带一路”建设。共建“一带一路”倡议背景下，我国迫切需要能够真正走出去、融进去的国际人才。人才不应再被简单视为专业知识过硬、书面成绩漂亮的考试型选手，而应是真正拥有国际交流综合应用能力的应用型选手。尽管我国高校已经通过合作办学、联合培养、成立国外分校、开展“一带一路”学术研讨和学术互访等方式加大了人才交流的力度，但是从整体上看，由于缺乏完善的人才交流机制和健全的机制保障，很多具体措施无法得到有效落实。

2. 高校国际化人才培养面临的需求与机遇

共建“一带一路”倡议背景下，共建国家和地区不断进行经济、文化等方面的交流，国内的高校国际化人才培养也面临着新的发展需求与历史机遇。

（1）国家政策的有力支撑

2010 年 5 月，国务院审议通过的《国家中长期教育改革和发展规划纲要（2010—2020 年）》明确指出要培养大批具有国际视野、通晓国际规则、能够参与国际事务和国际竞争的国际化人才。2017 年 7 月，中央全面深化改革领导小组会议审议通过了《关于加强和改进中外人文交流工作的若干意见》，强调要深化中外留学与合作办学，高校和科研机构国际协同创新，健全国内高校外语学科体系，加快培养非通用语人才。2019 年 2 月，《中国教育现代化 2035》明确表明要扎实推进“一带一路”教育行动。具体到高校，即提升中外合作办学质量，引导和鼓励学生、教师参与各领域的中外人文交流，积极开展国际理解教育，在交流互鉴中展示当代中国的良好形象。2020 年 6 月，《教育部等八部门关于加快和扩大新时代教育对外开放的意见》正式印发，进一步明确要推进我国教育现代化进程，培养更具全球竞争力的人才。这一系列政策措施都为高校培养国际化人才提供了强有力的支撑和方向指引。

（2）跨文化交流需求的不断增长

共建“一带一路”倡议下，国与国之间、地区与地区之间的跨文化交流增多，对具有国际视野和跨文化交际能力的人才的需求越来越大。

作为高等教育人才培养的摇篮，高校必须承担起培养具有跨文化交际能力的国际人才的责任。具体来说，要提升高校学生的国际交流能力，培养学生的跨文化交流能力。何为跨文化交际能力？即能理解和尊重不同的文化，[①]具备在国际领域内进行深层交流、对话、沟通和抗衡的能力，具有兼容并包的精神，能够不断学习和吸收先进文化和知识。[②]此外，随着共建“一带一路”倡议的不断推进，共建国家的对外交流和合作越来越频繁，越来越多的高校教师和学生有机会到“一带一路”共建国家和地区进行交流和学习，这为高校培养具有国际视野和跨文化交际能力的人才提供了更多的机会和资源，也是高校国际化人才培养所面临的前所未有的发展机遇。

（3）高校自身发展需求的日益扩大

共建“一带一路”倡议顶层设计鼓励高校积极推进国际化人才培养工作的同时，势必会推动高校在这一倡议的指引下对自身人才培养目标、课程设置、教师队伍等方面的调整，从而也能全面提升高校国际化人才的培养水平。高校要牢牢把握这一大历史机遇，找准发展定位，在教育国际化这一不可阻挡的必然趋势下，积极寻求国际化教育资源的共享、开展“一带一路”共建国家国际化合作办学，提升一流国际化人才的创新能力，积极探索教育“走出去”模式，争取早日步入国际一流高校行列。

四、“一带一路”文明交流互鉴背景下高校国际化人才培养的路径探索

1. 加强与共建“一带一路”倡议的精准对接

共建“一带一路”倡议为国内各领域的发展提供了重要的方向指引

---

① 曹德明：《高等外语院校国际化外语人才培养的若干思考》，《外语教学理论与实践》2011年第3期。

② 宋娜娜：《基于国际化人才培养的高校商务英语课程建设》，《当代外语研究》2012年第6期。

和价值追寻，高校应充分把握共建“一带一路”倡议在宏观层面的需求，强化自身在人才培养、知识创新和服务社会等方面的努力，积极融入共建“一带一路”倡议。高校可以结合自身地理区位、发展历史、优势学科、教学资源等现实因素，将共建“一带一路”倡议宏观层面的人才需求内化为具体的人才培养目标，并落实到具体的教学环节，明确不同学科的人才培养标准和要求，制订相应的教学计划，以确保教学实施环节能够扎实落地、稳健有效。

2. 推动“一带一路”共建国家的高校课程合作

构建“一带一路”共建高校课程合作机制，既是高校促进中外文明交流互鉴的体现，也是高校培养高层次国际化人才的现实需求。一方面，“一带一路”共建国家高校之间的课程合作是共建国家进行文化交流的方式之一，能够通过教育破解文化冲突难题，助力“和而不同”多元文化价值观的形成；[①] 另一方面，国际化人才的培养迫切需要共建国家高校开展课程合作。尽管在地国际化 [②] 能够极大改善人才培养的环境和条件，但是要想把握文化、价值观念、风土人情等 [③] 抽象层面的因素，还需要各高校通过不同程度的课程合作尽可能地将这些因素转化成可觉察的课程内容。

从纵向上看，要保持高校课程合作的连贯性和可持续性。一方面，要保证国内高校与共建国家高校沟通合作的连贯性，满足高校人才培养的周期规律与教育教学需求；另一方面，要以长期合作、互利共赢的课程合作为前提，促进共建课程合作逐步螺旋式推进。从横向上看，要力求实现课程合作内容、方式的多样化。一方面，可以选择内涵更深、知识面涵盖范围更广的教学内容，满足国家对具备他国文化知识、理解他国价值观念、了解别国风土人情等国际化人才的需求；另一方面，

---

① 薛小平：《“一带一路”教育行动中的文化冲突与化解》，《学术研究》2018 年第 11 期。

② 张应强、姜远谋：《后疫情时代我国高等教育国际化向何处去》，《高等教育研究》2020 年第 12 期。

③ Jos Beelen and Elspeth Jones, “Europe Calling: A New Definition for Internationalization at Home,” *International Higher Education*, no. 83 (2015): 12–13.

要提供灵活多样的方式方法，创造更有弹性、更具有氛围感和具身感的教育环境。

3. 健全“一带一路”人才培养机制

（1）明确国际化人才培养理念，强化国际化人才培养意识。国内高校之前的教育模式主要是以教师讲授、学生听课为主，多注重知识层面的考察，缺乏对学生综合能力的培养。高校要转变旧的人才培养理念，重视共建“一带一路”倡议背景下对国际化人才的全面、综合培养，切实增强国际化人才培养意识。

（2）强化教师队伍建设，完善教师培训发展机制。教师是推动国家教育政策实施和教育改革的主体，培养国际化人才离不开教师对学生的指导和帮助。高校要强化队伍建设，鼓励教师积极参与“一带一路”共建国家高校间的课程合作，参加中外教育合作交流项目等。此外，高校要建立更为完善的教师培训机制，为教师提供海外学习和进修的机会，确保教师的教学技能和知识储备与共建“一带一路”倡议的发展相匹配。

（3）加快教育资源共享与协同发展，建立高校战略联盟。高校战略联盟能加快发挥优秀院校的辐射带动作用，除了向内拓展，也可以向外延伸，与“一带一路”共建国家和地区的高校和科研机构实施联合科研项目、举办学术会议、研究共性发展问题等，为国际化人才提供参与科研项目的机会，让他们感受专业的学术氛围，及时了解学术发展前沿问题，拓宽学术视野。

（4）完善产学研合作机制，共建产学研合作平台。高校要与国内外企业、科研机构建立友好合作关系，鼓励优秀企业和科研院参与高校课程和人才培养方案的制定，将企业的用人需求融入人才培养方案。同时，要加强校企合作，为学生搭建国际化的实践平台，探索国际化人才培养的新路径，鼓励学生到“一带一路”共建国家和地区的合作企业实习，为国际化人才提高实践能力创造实战环境。

五、结论

共建“一带一路”倡议背景下，高校国际化人才培养既是国家和社会的诉求，也是高校自身转型与深化发展的重要契机。尽管当前国内高校在国际化人才培养上仍面临一定的挑战，但在国家政策保驾护航、国际交流日益深化、高校自身积极主动寻求发展等多种条件的共同推动下，国内高校可进一步更新人才培养理念、丰富课程体系、强化师资队伍、深化国际交流合作，探索出一条符合中国国情的高校国际化人才培养之路。

王晨杰 *

数字时代“一带一路”国际中文教育面临的挑战及应对路径

〔**摘　要**〕自党的十九届五中全会提出“加快数字化发展”的新要求以来，数字化发展已经成为我国积极适应信息技术变革的重要决策，不仅与共建“一带一路”倡议的发展目标相互交融促进，也是我国社会从工业时代向数字时代发展转型的重大需求。数字社会背景下，国际中文教育在语言教学理念、数字教学资源、数字交流产业以及数字素养四个方面发生了革命性变化，显示出国际中文教育进入发展变革期。当前，“一带一路”国际中文教育发展仍存在局限性：数字治理机制亟待完善，数字资源建设亟待加强以及教师数字素养亟待提升。面对国际中文教育数字化转型中存在的局限，需要采取相应的解决方法：制定数字教育政策，发展数字教育产业和提升教师数字能力。

〔**关键词**〕数字时代；数字社会；国际中文教育；“一带一路”

* 王晨杰，北京第二外国语学院中国“一带一路”研究院助理研究员。

一、数字社会对国际中文教育的影响

互联网和信息技术革命的到来，标志着人类社会步入数字社会。随着5G、大数据、云计算、人工智能、元宇宙等新技术的不断更新，信息技术的应用进入一个崭新的阶段，即数智化阶段。从全球趋势来看，数字化转型已经成为各国突破逆全球化困境、推进现代化进程、实现高效能治理的革命性力量。在数字社会，数字技术革命性地改变了人与人之间的连接方式，搭建了可无限拓展的数字网络。与工业社会相比，数字社会有完全不同的连接方式、行为模式、知识体系、价值体系以及社会结构。[①] 最近几年，受技术革新和新冠疫情的影响，互联网技术支持的数字媒介成为人们提升自己的学习方式，国际语言教育机构选择开展线上授课，并且逐渐由线下授课模式向线上授课模式转移。[②] 数字时代背景下，国际中文教育在语言教学理念、数字教学资源、数字交流平台以及数字素养四个方面发生了革命性变化，标志着国际中文教育进入了发展变革期。

1. 国际中文教育理念多元化

国际中文教育与数字信息技术的深度融合正在不断重塑国际中文教育的教学形态。国际中文教育是一项具有国际合作性质的教学工作，与他国的语言文化交流是其常态。[③] 在数字时代背景下，对于国际中文教育而言，学习者的知识获取方式发生了深刻变革，语言教学的理念和方式也相应产生了很大的变化。语言学习不仅是听、说、读、写技能层面的应用，更重要的是通过语言学习培育有效沟通能力和文化互动能力。换言之，语言教学的理念已从注重知识的传授和技能的训练转向重视能力的培养和素养的提升，包括跨文化沟通、信息素养、自我认识与自我

---

① 王天夫：《数字时代的社会变迁与社会研究》，《社会科学文摘》2022年第3期。

② 彭妍桥：《新时代下线上教学对国际中文教育的影响》，《汉字文化》2022年S01期。

③ 陆俭明：《新时代国际中文教育理念创新和实践探索的若干思考》，《语言教学与研究》2022年第4期。

调控、批判性思维、终身学习、公民责任与社会参与等。因此，在数字时代背景下，国际中文教育也必须打破依靠标准化教学来批量生产人才的传统教育形态，构建与数字时代相适应的教育生态，根据学习者的个性化需求和特点为中文学习者们提供富有选择性的和更精准、更有效的个性化教育服务，从而培养出具有国际视野的中文人才。

2. 国际中文教育资源数字化

教学资源建设是教学理念的具体体现和实施路径。① 经过 20 余年的建设，国际中文教育教学资源库的数量和种类较为可观。② 国际中文教育领域的教学资源库分为两大类：一类是专题教学资源库，如“全球汉语教材库”“基于汉语教材的语法资源库”等；另一类是以网站形式构建的综合性中文教学资源平台，属于“大而全”的中文教学资源库，如“中文联盟数字化云服务平台”，这一平台汇聚了各种教学资源，为全球的汉语学习者、教师以及中国文化爱好者提供一系列与汉语及中国文化相关的教学资源和服务。专业机构层面，中外语言交流合作中心已启动国际中文教育平台建设，共设置近 700 个指标，以实现国际中文教育综合数据的一体化，为全面、系统、及时、准确地把握国际中文教育的动态发展情况提供良好的实施路径。政府层面也为国际中文教育资源数字化建设添砖加瓦，《国际中文在线教育行动计划（2021—2025 年）》《国际中文教育数字资源建设指南》等政策文件，制定了 2025 年基本实现国际中文教育数字化、智能化、泛在化的发展目标，提出构建“教学、考试、研究”一体化的支撑服务体系。各类企业在内容承载、用户管理、付费转化、社群运营和数据分析等方面有很大的优势，这些都是汉语教育资源研发机构所欠缺的，能为国际中文教育的数字化转型提供关键支持。此外，英国汉语教师协会、泰国孔敬大学孔子学院、日本青少年育

① 钟英华、励智、丁兰舒：《“表达驱动”教学理念与国际中文教学资源建设》，《天津师范大学学报（社会科学版）》2022 年第 6 期。

② 彭锦维：《国际中文教育教学资源库建设综述（2000～2022 年）》，《汉语国际教育学报》2022 年第 2 期。

成协会等 20 多家机构联合打造“中文联盟”，与国内外高校、出版社、在线学习平台进行教学平台及课程的共建共享，为需求方提供集渠道、课程、技术、产品、服务于一体的一站式、个性化解决方案，成为可复制、可拓展的数字化综合平台。

3. 国际中文教育数字交流产业化

在过去的几十年里，互联网经历了从 Web 1.0 时代的 HTML 网页浏览模式到内容更丰富、联系性更紧密、工具性更强的 Web 2.0 社会网络模式，再到具有虚实融合功能的沉浸式和去中心化的 Web 3.0，且其具有极强的用户参与性、互动性、个性化、开放性和共享性等特征。互联网朝数字化、网络化、智能化方向不断发展，深刻影响着国际中文教育产业的发展方向。一方面，数智化技术拓宽了中文学习者直接接触真实中文的路径，形成了“数据多跑路，学生少跑路”的新模式，催生出在线教学、居家网考和数智化产品等新业态。从长期来看，这种新模式和新业态能够降低教学主体运营成本，减少产品加工制作时间，降低产品边际成本，节省供需双方的时间和沟通成本，并在一定程度上减轻学生学习中文的经济负担。另一方面，数智化技术打破了物理空间限制，改变了传统的消费交易空间和产品生产方式，将国内和国外两大市场在网络虚拟空间联通起来，构建了一种新型消费场景，使国内与国外现实的或潜在的中文学习者能够通过广告、知识付费、流量分成等形式，与国际中文教育数智化产品建立某种联系。这样既能产生更广泛的中文学习群体，又能拓展产品的类型和功能，提升产品附加值，为获取更高经济收益提供了可能。此外，近年来，数据被纳入生产要素，成为一种新型经济资源，而网络空间的学习数据也将成为一种新资源，持续拓展国际中文教育产业发展的新业态，充分体现了个人主体性与社会性的统一，是网络时代人际互动、自主学习和协作学习的纽带和平台。[①] 这一平台创设了一个共享的、开放的、易用的、泛在的、低成本的网络生态系统，

---

① 武和平、康小明：《后疫情时代社会性网络在二语学习中的应用》，《国际中文教育（中英文）》2021 年第 1 期。

可以让学习者随时随地接入网络，获取和管理信息和语言学习资源，与世界各地的语言学习者同步或异步交流，创建自己的个性化语言学习环境，从而赋予学习者更多的自主权，让他们选择自己的语言学习内容及学习方式。现如今，几乎每一种社会性网络工具都有群组和社区功能，能够极大地增加学习者的语言交际对象数量，拓宽学习者的语言交际范围。学习者可以利用即时交流工具和社交媒体打破时空局限，同来自世界各地的语言学习者甚至是本族语人士直接对话和交流，结成语言伙伴关系，形成语言学习共同体。

4. 国际中文教师素养数字化

“数字素养”这一概念在业界尚未形成共识。美国作家保罗·吉尔斯特（Paul Gilster）将数字素养定义为理解和使用电脑呈现的多种数字资源与信息的能力。① 以色列学者阿尔卡来（Yoram Eshet-Alkalai）认为数字素养包括五个方面：图片-图像素养、再创造素养、分支素养、信息素养、社会-情感素养。② 波兰学者艾伦·马丁（Allan Martin）等在数字欧洲素养项目中构建了数字素养等级模型，这一等级模型把数字能力分为三个层级：数字能力基础（技能、概念、方法和态度等）、数字能力应用（专业及学科应用）、数字能力创新（改革与创新）。这三个层级描述了数字能力的构成。③

国际中文教师的数字素养应包括科研和教学实践两部分。从科研角度来看，数字素养是开展学术研究的前提，包括从海量信息资源中高效获取所需信息的能力和有效处理信息的能力。从教学实践角度来看，数字素养要求信息技术与汉语课程相融合，教师可以运用信息化教学能力、信息处理能力、创设语言交际情境的能力以及虚拟仿真技术来培养学生的汉语交际能力。

---

① Paul Gilster, *Digital Literacy* (New York: Wiley Computer Pub, 1997), pp. 98-100.

② Yoram Eshet-Alkalai, "Digital Literacy: A Conceptual Framework for Survival Skills in the Digital Era," *Journal of Educational Multimedia and Hypermedia* 13, no. 1 (2004): 93-106.

③ Allan Martin, "Literacies for the Digital Age: Preview of Part 1," in *Digital Literacies for Learning* (Cambridge: Cambridge University Press, 2006), pp. 3-25.

数字时代背景下，国际中文教师的数字技术应用能力正在不断提升。① 在教学中，超媒体组织技术、社交网络技术、视频会议技术、电子图书馆技术、移动技术、互动反馈系统、云计算技术、虚拟现实技术、图像处理技术等被有效引入国际中文教学。在各类技术的支持下，国际中文教师可开展形式多样的数字教学，如直播、录播、慕课、微课、在线小组讨论等，满足中文学习者多元化的学习需求。在学习反馈与测试评价中，国际中文教师可进行在线语言测试与统计分析、电子化作业批改与点评等。在数字化学习管理中，国际中文教师可全面构建从招生系统到入学登记系统，再到日常管理系统的自动化管理模式。同时，在数字技术的支持下，师生之间、教师之间、管理者和教师之间以及管理者之间的数字化交流互动可逐渐实现常态化。国际中文教师在数字化教学环境中，可以通过音频技术、视频技术、评论区留言等实现与各方的实时互动，也可以通过留言板、电子论坛、电子邮件、微信等实现异地交流。

二、数字时代“一带一路”国际中文教育面临的挑战

1. 国际中文教育数字治理机制亟待完善

当前，在推进国家治理体系和治理能力现代化的大背景下，国际中文教育亟须建构治理思维、进行治理实践。② 对于国际中文教育来说，建构基于数字化的国际中文教育治理体系和治理能力，在方式流程、手段工具和体制机制等方面进行全方位的系统重塑是当务之急。《中国教育现代化 2035》与《加快推进教育现代化实施方案（2018—2022 年）》的颁布体现出我国对教育信息化的重视。但我国尚未充分将数字化教育作为促进国家全方位数字化转型的发展战略，也缺乏对国际中文教育数字化

① 金晓艳、赫天姣：《国际中文教育数字革命的现实与进路》，《当代外语研究》2022 年第 6 期。

② 王春辉：《国际中文教育数字化发展的趋势与反思》，《云南师范大学学报（对外汉语教学与研究版）》2023 年第 2 期。

发展的专门规定。而随着中文在全世界范围内，特别是在“一带一路”共建国家的逐步推广，现有的法律法规已经不能满足当前国际中文教育发展的需要。

2. 国际中文教育数字资源建设亟待加强

当前国际中文教育的教学资源建设正从传统媒介的教学资源建设逐渐过渡到数字化教学资源建设，但其中存在既有的课程体系亟待更新、优秀线上中文课程数量不足、网络数字化资源库建设亟待完善、中文教育网络平台和资源库无法与不同国家的学习用户实现有效互动等问题。从具体资源平台的建设来看，现缺少具有作业批改、试卷制作、线上测试、网络监考等多种功能的教学网络平台。从整体发展水平来看，不同资源平台相互孤立，资源的开发和建设各自为政，这种封闭的服务理念和方式容易造成大量资源的低水平重复建设，使许多宝贵的教学资源不为人知，资源的使用率极低。① 另外，由于数字化资源的开发主体不同，建设标准不一，资源共享受到极大制约。同时，资源库后期建设和维护滞后的问题普遍存在，除需对软硬件技术进行更新升级外，还需对资源内容不断更新和完善，这一过程需要技术人员、开发者、使用者的共同参与。此外，中文学习者在使用网络教育平台应用时也面临一些问题，如无法及时从国外下载应用程序，无法正确理解网络平台应用说明等。因此，亟须建立与国际中文教学发展相协调、相适应的现代化、国际化数字教学平台。

3. 国际中文教师数字素养亟待提升

国际中文教师的师资来源大致可分为“输入型汉语教师”和“本土汉语教师”两种类型。② 前者指的是以汉语为母语的教师，后者则是具备汉语能力、中华文化传播能力及相关教学资质且可在本国进行汉语教

① 彭锦维：《国际中文教育教学资源库建设综述（2000～2022年）》，《汉语国际教育学报》2022年第2期。

② 陆珏璇、高雪松：《国际中文教育教师规划研究：现状与对策》，《云南师范大学学报（对外汉语教学与研究版）》2022年第5期。

学的外籍教师。合格的国际中文教师不仅应掌握多种教学技能，具有文化自觉和国际视野，也应具备良好的数字素养。当前，传统的课堂教学可升级为线上教学，对国际中文教师的数字素养提出了更高的要求。一方面，不同国家和地区网络文化和交际礼仪各异，学习者的背景更为多元化，更为复杂的课堂环境也给线上教学的高质、高效开展带来了更大挑战。另一方面，在线学习使得互动式教学变得更为困难。由于在网络环境下很难得到学习者的配合和认同，国际中文教师开展线上教学的积极性也相应降低。另外，教师对线上教学的环境和流程较为陌生，处理突发问题的能力有所欠缺，在面临因使用新平台和新技术带来的工作量增加和时间成本增加等问题时，他们往往倾向于放弃使用线上平台。总之，大多数国际中文教师的教学信息化和现代化意识较为薄弱，常用、会用的现代教育技术和平台较为有限，对新工具、新技术、新平台的关注和使用仍然较少。

三、数字时代“一带一路”国际中文教育的发展路径

1. 制定国际中文数字教育政策

数字化教育转型是传统教育系统性的变革，至少涉及以下几个方面的内容：明确数字素养价值体系、制度体系、目标体系的内涵和外延；构建多主体协作的数字教育生态，包括政府、企业、社会团体、高校、个人等；优化多部门协同机制，进一步提升部门之间以及部门内部间的信息互通度和合作效度；强化顶层设计，形成优势互补和可持续发展的良好格局。因此，我国在颁布政策前应当科学评估公民数字化教育的知识、态度、技能与学校教育数字化现状。在进行大范围的公众调查时，不仅要了解贫困地区和弱势群体的数字化素质差异，也要了解教师、学生、家长、企业、学校等多方利益群体对于当下我国数字化教育的需求与看法，根据公众意见进行合理的政策变革与政策创新。

国际中文数字教育的政策创新是多主体参与的多层次创新系统，创新主体之间形成有机的组织架构，能够提高资源、技术和知识集成的效

率。因此，应建立国际中文教育创新主体之间的互补与协同关系。一方面，中国应与世界各国，特别是与“一带一路”共建国家的政府加强教育交流合作，有效对接双方的教育政策，促进中文教学在当地的创新发展。例如，可与其他国家签订中文教育项目合作备忘录，建立两国教育部门之间的合作关系，推动各国提升中文教育的发展水平。另一方面，可通过调查，了解教师、学生、家长、企业等多方群体对数字技能与素养的核心需求，以此出台数字能力评估的框架和标准，帮助我国公民掌握基本的数字技能，指导企业评估员工的数字化能力，为教育工作者实现高质量的数字化教育教学提供有力的支撑。

2. 发展国际中文数字教育产业

当前国际中文教育领域对新技术的应用相对滞后，现阶段要重新认识科技对于国际中文教育产业发展的重要作用。信息技术的变革催生出如语言知识库、计算机字库、键盘输入法、语言文字处理软件等工业标准化的技术产品，这些技术产品是语言产生经济价值的直接体现。①

政府要保护资源版权，营造公平的竞争环境，保护资源建设者的积极性，让优质资源得到投资回报。② 资源建设方要加强与学术界的联系，同时要鼓励面向市场的科研，让研究成果尽快转化为教学产品，解决由“知”到“用”、由“能用”到“好用”的问题。英语资源建设在这方面提供了多方合作、互利共赢的范例。例如，英国国家语料库由牛津大学出版社、朗文出版公司、兰卡斯特大学和大英图书馆等机构合作建立，语料库的研究成果直接应用于英语学习产品的研发，由此生产出一大批深受英语学习者欢迎的词典、教材和其他读物，创造了巨大的市场价值。因此，产教结合、创新国际中文教育资源供给和共享机制是未来国际中文教育资源实现持续健康发展的重要途径。

同时，要发挥企业在新科技应用中的引领作用，以经济价值为驱动，

---

① 刘倩、芮亚楠、刘清杰等：《“一带一路”视角下语言的经济价值研究》，《财经理论与实践》2020 年第 4 期。

② 赵杨、万众：《建设面向市场的国际中文教育资源》，《国际中文教育（中英文）》2021 年第 4 期。

加速新技术的应用，培育、建设一批国际中文教育科技产业，鼓励支持科技企业研发国际中文教育线上教学平台、数智化教学工具等，从而实现国际中文教育产业的创新和升级。此外，要以长远的眼光宏观谋划新技术产业化发展，聚焦国内、国外和网络三大空间，思考和研究如何将现实和虚拟空间进行融合，如何将国内和国外两大市场联通起来等关键问题，进而促进国际中文教育的高质量、可持续发展。

3. 提升国际中文教师数字能力

数字时代线上与线下教学的融合互补和协同发展正成为国际中文教育的主要趋势。因此，应适时从树立正确的数字技术观、完善教师标准建设、优化培养方案、创新课程设置等方面着手，更新国际中文人才培养理念，将信息素养培养纳入专业体系，推动线上教师的职业化培养。

（1）转变以技术应用为主的数字素养观[①]

国际中文教师不仅要利用数字技术辅助教学、提高教学效率，更要理性地驾驭数字技术，把数字技术融入教师和学生的全面发展中，以摆脱技术的束缚，获得全面的发展。要把数字技术与教学理念、教学内容、教学方式有机结合起来，结合学习者的学习特点和心理特征，利用数字技术整合数字资源，打造精品数字教学资源，如慕课、微课、课件、中文学习游戏等，采用学习者乐于接受的教学方式，将教学资源以多模态的、立体的方式呈现给学习者，以降低学习中文的难度，增加学习者的兴趣和学习的信心。

（2）建立合理完善的量化评估标准[②]

国际中文教师的信息素养评价指标应该是一个多层次、多维度的复杂体系，它既包含教师的学术研究，又包括教学实践，涉及信息的识别、判断、搜集、管理、发布等诸多层面。一是要加快更新和优化评估标准，研发合理有效的信息素养分级指标，发挥行业标准的引领和导向作用，

---

① 刘玉屏、李晓东、郝佳昕：《国际中文教师数字能力现状与影响因素研究》，《民族教育研究》2021 年第 3 期。

② 惠天罡：《国际中文教师数字素养提升的必要条件、现实基础与实践路径》，《云南师范大学学报（对外汉语教学与研究版）》2023 年第 2 期。

提升从业者的主动学习意识，拓宽信息化视野。二是要将信息素养考核纳入职业标准化考试，如从教学内容的组织和呈现、教学语言的设计和使用、课堂管理和激励机制、教学评价与反思、对多媒体的认知与应用等维度全方位考察教师的线上教学能力，发挥“以考促学、以考促教”的带动作用，提高全行业对信息素养的重视程度。

（3）及时更新专业人才培养方案

直播型互动教学对教师的线上教学技能和处理突发问题的应变能力提出了更高的要求。编辑图片、视频、网页将成为教学基本功，解决网络、软件、硬件问题将成为教师的必修技能，以适应线上教学的新要求。应加快将国际中文教师的信息素养列入职业能力标准，将理解线上中文教育的教学理念和基本规律，掌握线上中文教育的方式方法和技能技巧，运用不同种类的教学平台进行线上中文教学，以及准确检索、识别、获取和整合信息并应用于学术研究等要求纳入人才培养目标，培养适应线上线下混合式中文教育的高技能人才，为后疫情时代的国际中文教育提供人才和智力支撑。

（4）优化专业核心课程体系结构

国际中文教育新生态要求教师的教学理念、教学方法和教学内容都应突破传统教学范式，因此专业课程体系也应适时改革，使课程设置更加适应学科发展形势，体现专业特性，具备应用价值和指导意义。一方面，可增设“线上中文教学与实践”课程，从常见教学平台的选用、教学内容的组织与呈现、教学实践与总结反思等各个环节模拟线上教学全过程，使学生对线上教学由感性认识上升到理性认知，为今后的教学实践提供有效指导。另一方面，可开设专业信息能力课程，如在传统的论文指导课程框架中加入 CiteSpace 和 Python 等软件应用于学术研究的优势解读与使用指导等内容，① 提高学生的信息检索效率及信息整合和分析能力，从而引导学生提升自主学习意识，让他们主动关注学科发展的前沿动态，并高效利用网络资源。另外，教师应指导学生搜索和自建信息

① 施春艳、王秀成：《“新文科”背景下国际中文教师信息素养的培养路径》，《中国成人教育》2022 年第 8 期。

化中文教学相关数据库，通过对有针对性的案例进行分析和研究，总结不同国家和地区，特别是“一带一路”共建国家中文教育的现代化发展动向，以了解各国与各地信息化教学的共性与特性。

四、结论

数字时代背景下，国际中文教育进入了数字化、智能化、泛在化的新时代。从国际中文教育的角度来看，数字化发展对于跨国教育合作具有重要意义。共建“一带一路”倡议旨在加强共建国家之间的经济合作和文化交流，数字化发展可以为国际中文教育提供更便捷、更高效的手段，促进“一带一路”共建国家间的文化交流。因此，建设数字教育体系和提升国际中文教师的数字素养有助于促进国际中文教育在共建“一带一路”倡议框架内的发展。总体而言，国际中文教育在数字社会背景下虽然面临多方面的挑战，但通过制定政策、发展产业、提升师资能力等手段，可以更好地适应数字化发展的需求，为中华文化的广泛传播提供更广阔的发展前景。

杨玉进　白　雪*

将中外文化融入外语教学的实践路径探析
——以义务教育英语课程为例

〔**摘　要**〕共建“一带一路”倡议提出以来，“一带一路”共建国家的外语人才需求激增，为了更好地连接世界，传统的外语教学需要不断地调整、创新。本文从语言和文化的关系角度出发，关注当前国内外语教学，特别是英语教学的现状，指出我国外语教学存在的问题，阐明中外文化融入外语教学的重要性，并以义务教育英语课程为例，探究“一带一路”背景下将中外文化融入外语教学的实践路径。

〔**关键词**〕中外文化；外语教学；义务教育；英语课程

一、引言

2023年是共建“一带一路”倡议提出10周年，共建“一带一路”倡议已成为跨越地理限制，突破文化差异，融合发展需求的开放式、全球性合作平台。① 随着“一带一路”背景下外语人才培养模式的不断创

* 杨玉进，北京第二外国语学院中国“一带一路”研究院助理研究员。白雪，北京第二外国语学院中国“一带一路”研究院助理研究员。

① 孙壮志：《“一带一路”框架内的人文合作：成就与前景》，《欧亚经济》2023年第2期。

新，文化作为语言传播的重要媒介，其在外语教学过程中的重要性日益凸显。在语言学习中传播中外文化和在传播中外文化时深化语言学习越来越成为教师进行外语教学和学生二语习得的重要目标。

二、语言与文化的关系

语言和文化是人类社会实践的产物。人类社会生存和发展的前提是劳动，劳动推动了人类四肢的解放和大脑的形成，为语言和文化的诞生提供了生理基础。语言和文化存在于人类的群体性活动中，不同民族有不同的语言和文化特征，语言文化蕴含着不同民族的生存之道和生活逻辑。语言和文化作为一个民族的精神财富，是民族认同感和民族凝聚力的重要来源。世界民族多样性的最重要体现就是各民族语言文化的差异性，不同民族之间的交流互动推动了语言文化的传承、创新和发展。

语言作为文化的重要组成部分，其本身也是一种文化。语言和文化都是在社会发展过程中形成的，都是人们在一定的社会环境中获得的。① 文化所具有的民族性、社会性、系统性以及不断发展的特点，语言也同样具备。一种文化不可能没有与之相应的语言，抽去文化内容，语言也不能独立存在。语言的出现和使用有效促进了经济、政治、思想意识形态等各领域的繁荣发展，有效地将社会生产与生活的各方面，尤其是人与人、人与生产生活资料连接起来，组成一个活的系统，最终促成整个社会乃至全球的文化交流与共同价值认同。

语言是文化的载体，是文化传承的重要工具。文化作为一种抽象的观念，只有通过语言文字的符号化才能实现传播。大多数文化遗产都是通过语言文字保存下来的。语言是文化存在于这个世界的重要依据，同时文化的创新和发展也不断推动着语言的巩固和创新。跨文化交际的障碍主要是由语言差异造成的。解读文化在某种程度上就是解读这种文化背后的语言所蕴含的意义。语言的包容性可以推动文化交流互鉴；语言

① 祝华、Claire Kramsch、张剑：《英语教学中的语言和文化》，《跨文化研究论丛》2019 年第 1 期。

的封闭性则会加剧文化的孤立和分裂。另外，语言赋予了文化跨越时空的能力，随着社会的发展，同一语言在不同时空可以展现出不同的文化魅力。

三、当前国内外语教学的现状

1. 教学目标

以英语教学为例，教育部制定的《义务教育英语课程标准（2022 年版）》提出，英语课程要培养的学生核心素养包括语言能力和文化意识。语言能力是核心素养的基础要素，文化意识体现核心素养的价值取向，二者协同发展。但从实际的教学实践来看，大多数教师在外语教学中侧重于分数的获取，将对语言知识的理解放在第一位，中外文化知识的相关教学被严重边缘化，甚至被去除。例如，在“唯分数论”思维的影响下，师生不断放大英语的“学科”性质，把英语学习简化为“背会单词”和“会做语法题、阅读题”，其承载文化、传播文化的功能被大大削弱。在考试的压力下，学生学习外语的内驱力往往是“能否提高分数”，教师的教学方向也不断从纸面上的“培养中外交流能力”转向实际教学中的“提高考试通过率”。①

2. 教学内容

从教学内容来看，中小学外语教育将语言知识和文化知识纳入其中，如图 1 所示，两者各占半壁江山。语言知识为语篇的构成和意义的表达提供语言要素；文化知识为学生奠定人文底蕴、培养科学精神、形成良好品格和正确价值观提供内容资源。但从各级主题的设定来看，教材中的大部分知识是生活常识，缺少对中外文化的深入阐释。“生活英语”的刻板印象使得学生把外语仅当作一种技能，但实际上，文化认同是深入理解一门外语的重要前提，因为脱离文化的语言是失去生命力的语言。

① 孙壮志：《“一带一路”框架内的人文合作：成就与前景》，《欧亚经济》2023 年第 2 期。

如果学生在学习该语言的过程中无法产生情感上的共鸣，最终培养出的思维就只是熟练掌握两种语言之间的翻译。现如今，人工智能和机器翻译飞速发展，没有文化共情力的外语学习者会很容易被算法取代。因此，外语教学不仅要有中外文化的呈现，还要有文化对比、文化追溯和文化延伸，在这一过程中，语言本身也会随着文化的深入传播而丰富。

图 1　义务教育英语课程内容结构示意图

3. 教学设计

从教学设计来看，国内的外语教学以教师讲授为主，学生扮演的角色是“信息的获取者”而不是“课堂的参与者”。在这种模式下，学生能构建正确或者标准的语言逻辑，但对外语学习的认知依然停留在背诵和模仿阶段，对语言的使用也局限于对语法正确性的判断，他们在真实的文化背景下和情景交际中常常会陷入“中式英语”的尴尬境地。“翻转课堂”的出现在一定程度上打破了外语课堂中师生地位不平等的现象，学生由被动学习者变为主动求知者，学生的需求也从简单的语言知识识记上升到文化场景想象。此外，良好的中外文化素养能为学生在课堂中表达自我创造巨大的空间。学生可以利用新学到的外语展现对本民族和其他民族文化的理解，在这一过程中，对文化交流的使命感和责任感会成为外语学习的最大动力之一。

4. 教学研究

从教学研究来看，国内的外语教师往往倾向于成为“课本的解读者”和“习题的解答者”。他们擅长从外语与母语的差异性出发去启发学生，却未能充分发挥语言传递文化的功能。教师研讨会的目标主要集中在教学任务的完成和教学成绩的提升，课外拓展中讲述中外文化小故事的环节只有在刻意录制的精品课程中出现。此外，语言水平和文化素养是外语教师的核心竞争力，但是对外语教育工作者的考核标准中却未能体现这一点。教师的培训和继续教育极少从社会语言学的视角，如语言与文化的关系展开，虽然从教育学和心理学维度入手可以提升语言教学的技术手段，但是无法从根本上消弭语言之间的隔阂感。而在对学生外语水平的考核中，阅读理解占据较大比重，听力、写作次之，仅北京、上海和广东等为数不多的地区在高考中对口语进行简单测验。学生“听说读写”能力的不均衡发展会给他们日后的跨文化交际带来巨大的困难。

四、中外文化在外语教学中的重要性

1. 增强本国文化自信

将中外文化融入外语教学有利于增强学生对本国的文化自信。没有任何个体能够把自己从与国家文化和民族文化的关联中抽离出去。在外语教学中引导学生理解中华民族优秀文化，能使学生在多元文化的氛围中领会中华民族优秀文化的精神实质、文化价值观，形成尊重民族文化的意识、情感和态度，确立文化认同和文化自信意识，不断增强文化理解能力、文化判断能力、文化反思能力和文化实践能力。文化理解是文化解读的前提，文化解读是文化理解的目的。在外语学习中理解中国文化，在使用外语时也能更好地输出中国文化。因此，外语教师应发挥外语优势，在外语教学中解读中国、宣传中国，并借助互联网或新媒体，用生动的叙事方式讲好中国故事、传播好中国声音，通过多种途径让学生对中国文化形成理性、客观和充分的认识，让学生自觉成为中华优秀文化的代言人。

2. 理性看待外国文化

将中外文化融入外语教学有利于引导学生理性看待外国文化。习近平总书记指出，世界文明历史揭示了一个规律：任何一种文明都要与时偕行，不断吸纳时代精华。我们应该用创新增添文明发展动力、激活文明进步的源头活水，不断创造出跨越时空、富有永恒魅力的文明成果。[①] 外语教学可以为学生树立正确的外国文明观提供机遇。对待外国文化既不能全盘否定，也不能照单全收，需要运用历史的、辩证的眼光和态度，取其精华，弃其糟粕。在坚持不忘本来和面向未来的同时，应该坚决摒弃心胸狭隘的排外主义和妄自尊大的自我中心主义，以兼收并蓄、海纳百川的大国气度，更加主动地学习、借鉴、吸收世界各国文化的有益成果。[②]

3. 推动文化交流互鉴

将中外文化融入外语教学有利于推动文化交流互鉴。文明因多样而交流，因交流而互鉴，因互鉴而发展。习近平总书记在多个重要场合提出要推进中外文明交流互鉴，强调让文明交流互鉴成为增进各国人民友谊的桥梁、推动人类社会进步的动力、维护世界和平的纽带。[③] 外语教学是推动文化交流的重要桥梁，学习和了解不同文化，比较文化异同，能让学生逐步形成跨文化沟通与交流的意识和能力，学会客观、理性地看待世界，树立国际视野，涵养家国情怀，坚定文化自信。同时，外语教学能为构建人类命运共同体提供人才储备。

① 《习近平在亚洲文明对话大会开幕式上的主旨演讲》，中央广播电视总台央视网，http://news.cnr.cn/native/news/20190515/t20190515_524613615.shtml，访问日期：2021 年 6 月 9 日。

② 曲卫国：《中国外语教学与研究 70 年的回顾与反思》，《语言战略研究》2019 年第 6 期。

③ 《习近平在亚洲文明对话大会开幕式上的主旨演讲》，中央广播电视总台央视网，http://news.cnr.cn/native/news/20190515/t20190515_524613615.shtml，访问日期：2021 年 6 月 9 日。

五、将中外文化融入外语教学的实践路径

中外文化在外语教学中的融合是一个重要而复杂的课题，下文以义务教育英语课程为例，通过分析对应的具体课堂实例，从追问文本细节、拓展话题外延、比较文化异同三个方面展开讨论。

1. 追问文本细节，补充文化背景

①对话 1

教师：When is the Spring Festival?

学生：It's in January or February.

教师：Why is the Spring Festival in January or February? We know New Year's Day is on the first of January. The date is fixed. But for the Spring Festival, sometimes it's in January while sometimes it's in February. Why?（追问）

学生：…

教师：In China we usually use lunar calendar to date the traditional festival. Here's a calendar. The above numbers represent the solar calendar, and the below ones represent the lunar calendar. The lunar calendar shows the wisdom of the people in ancient China. The Spring Festival is the most important festival in China. It's from January 1st to 15th in lunar calendar. People also call it Chinese New Year.

阳历是现在国际上通用的历法，大部分学生对此都有基本了解。而农历是中国的传统历法，是古代劳动人民对长期农耕生活经验的总结，普通学生对此却不甚了解。教师通过追问春节时间不固定的原因，自然引入阳历和农历这两种历法，再结合对日历的讲解让学生感知农历的含义，并介绍中国的传统节日一般根据农历来确定日期。在此基础上，教师可以进一步拓展文化知识，组织学生使用英文讨论并分享中国传统节日习俗以及中国传统节日在国内外的影响力。

②对话 2

教师：What do we usually eat at the Spring Festival?

学生：We usually eat jiaozi.

教师：What is "jiaozi"?（追问）

学生：Dumplings.

教师：Yes. People used to say "dumplings" before, but now we usually say "jiaozi". Do you know other words like dumplings / jiaozi?（追问）

学生：…

教师：Yes, for example, rice dumplings / zongzi; Double Ninth Festival / Chongyang Festival; Dragon Boat Festival / Duanwu Festival…

教师：Now we often use Chinese phonetic alphabets to name some Chinese traditional food and festivals… Because we are confident of our traditional culture. And we are willing to share our culture with the world.

教师通过追问饺子的英文表达，引导学生关注到一些中国传统食物、传统节日等表述的改变。饺子、粽子、功夫、豆腐、重阳节、清明节等词语此前都有专门的英文表达，但这些文化负载词承载了丰富的文化底蕴和内涵，体现了中国文化的独特性，所以现在我们大多用拼音音译的方法来翻译这些词汇，以最大限度地保留中国的特色和风格。这既展示了对本民族文化的自信，又促进了与国外平等的语言文化交流，更有利于中国文化的输出和传播。

2. 拓展话题外延，多元融入文化元素

由于现代教材的每个单元普遍围绕一个话题展开教学，因此，教师在教学中可以基于每个话题整合、联结、补充相关的传统文化背景知识，多元融入中外文化元素，使学生在潜移默化中受到文化熏陶，进一步拓宽学生的文化视野。

（1）整合

英语教学中传统文化的融入应该是一个自然流畅的过程，不可强行植入，这就需要教师多思考，善于观察，并寻找适合切入的整合点。以

苏教译林版英语四年级下册“Unit 5 Seasons”这一单元复习课为例：

①通过观察图片和观看视频让学生感受春季的生机勃勃、万物萌发，师生在交流中自然引出春季的标记词 young。（春生）

教师：What can you see?

学生：I can see some flowers. They' re nice. / I can see green grass. / I can see a butterfly…

教师：We see baby birds, baby flowers and baby ducks in spring. We see young trees. Spring is young.

②以节奏明快的句子让学生感受热情似火的夏日，强化学生对活力夏日的理解与表达，引出夏季的标记词 energetic。（夏长）

Summer, summer, let's go swimming.

Swimming, swimming, we like swimming.

教师：We do many things in summer. We are active. We are energetic. Summer is energetic.

③创设农场情境，与学生谈论秋天的颜色，并通过联想有趣的农场体验活动，让学生感受秋天丰收的喜悦，理解秋季是经过努力后收获的季节，引出秋季的标记词 ample。（秋收）

教师：Look, leaves are falling. Autumn is yellow. Leaves are yellow. What things are yellow?

学生：…

教师：We are on the farm. Let's pick and taste some fruits.

学生：Autumn is sweet. Autumn is yummy. Autumn is nice…

教师：Autumn is ample.

④教师带领学生一起欣赏冬季的图片，在交流中渗透跨学科知识，了解动物冬眠、树木的休眠机制，引出冬季的标记词 ready。（冬藏）

教师：It's getting cold. Winter is here. The birds fly away. Some trees have a sleep and some animals hibernate. Why do they hibernate? What animals hibernate in winter?

学生：Snake / frog / bear /… They are getting ready for the coming year.

“春生”“夏长”“秋收”“冬藏”出自《史记·太史公自序》。序中提到：“夫春生夏长，秋收冬藏，此天道之大经也。弗顺则无以为天下纲纪。”[①] 教师将四季的特点与春生、夏长、秋收、冬藏这一体现自然发展规律的传统表达巧妙整合，引导学生在环环相扣的学习活动中进行多模态感知、总结四季的特点，并尝试运用语段对每个季节进行融合性和拓展性的表达，最后进行分享。这样可以让学生充分感受四季“循环往复，生生不息”的自然规律，体悟春生、夏长、秋收、冬藏的文化内涵。

（2）联想

2021 年 5 月，习近平总书记强调，讲好中国故事，传播好中国声音，向世界展示真实、立体、全面的中国。[②] 引导学生尝试用英语讲好中国故事是将中华传统文化融入课堂，从而阐释和传播中国文化的有效途径。

以苏教译林版英语六年级上册“Unit 1 The king's new clothes Check-out time”对“愚公移山”“精卫填海”“铁杵成针”三个故事的教学拓展为例，英语教学中文化知识的教学应包括知识内容的传授、文化内涵的启悟、观念行为的引领等，最终目的是让健康思想照亮学生内心，塑造健全人格。本节课中，教师将“愚公移山”“精卫填海”“铁杵成针”三个故事有机结合，整合成一组有意义的群文阅读。这三个故事的内容体现了相似的主题意义，蕴含着相似的人生哲理。如图 2 所示，教师在教学中设计制作阅读卡、对话表演、复述故事等学习活动，循序渐进地指导学生阅读故事，引导学生理解故事所要表达的主题意义，即做事要有恒心和毅力，不能轻言放弃。

① 张文江：《〈史记·太史公自序〉讲记》（外一篇），上海文艺出版社，2015，第 162 页。

② 《习近平在中共中央政治局第三十次集体学习时强调　加强和改进国际传播工作　展示真实立体全面的中国》，新华网，http://www.xinhuanet.com/politics/leaders/2021-06/01/c_1127517461.htm，访问日期：2022 年 6 月 7 日。

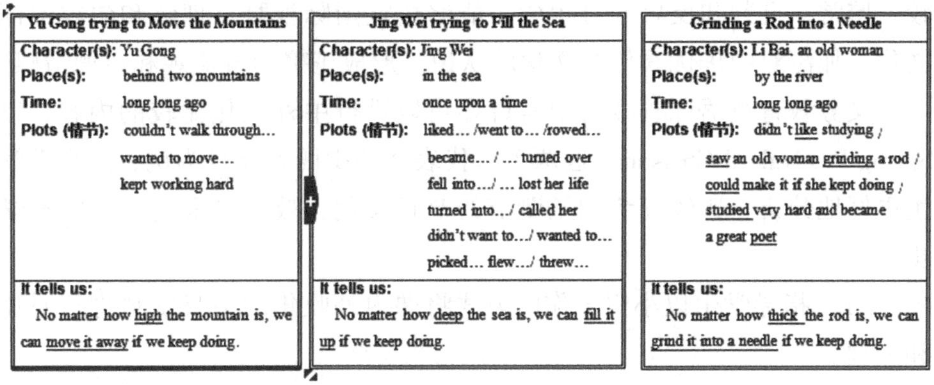

图 2　“愚公移山”“精卫填海”“铁杵成针”的教学拓展

（3）补充

受篇幅和学生语言能力的限制，大部分教材对一些中国传统节日的介绍只是点到为止，因此，教师在教学中可以进行适当的内容拓展，让学生更全面地了解中国传统节日背后的故事、习俗和文化。

例如，端午节是我国的四大传统节日之一。2009 年 9 月，联合国教科文组织正式批准将其列入《人类非物质文化遗产代表作名录》，端午节成为中国首个入选世界非遗的节日。教师在充分挖掘教材文化素材的同时，还可以围绕节日起源、节日习俗、有关诗词等对端午节进行知识补充拓展，增加学生对端午节文化习俗的了解。同时，教师可创设节日情境让学生体验端午节活动，鼓励学生尝试用英语讲好端午节的相关文化故事，培养学生在跨文化交际活动中主动、自信地介绍中国传统节日的能力。

3. 比较文化异同，增进文化交流

文化知识包含中外文化知识，是学生在语言学习活动中理解文化内涵、比较文化异同、汲取文化精华、坚定文化自信的基础。文化知识的教学涉及几个步骤的演进和融合，包括“感知中外文化知识——分析与比较”“认同优秀文化——赏析与汲取”等。[①] 学生在对不同文化进行比

① 暨爱民：《以文化认同铸牢中华民族共同体意识：逻辑机理与实践展开》，《南京社会科学》2023 年第 2 期。

较、鉴赏、批判和反思的过程中，能够拓宽国际视野，理解和包容不同文化，加深对中华优秀传统文化的认识，形成正确的价值观和道德情感。

义务教育英语课程教材中有许多可以进行中外文化比较的内容，以 Spring Festival 和 Christmas 这两个有代表性的中西方节日为例，为帮助学生更好地分析、比较春节和圣诞节的节日文化，教师可采用如下的教学步骤。

（1）指导学生以小组合作的方式将课内外收集的节日资料进行对比和梳理。

（2）让学生分析和比较两个节日的不同之处（What are the differences between the Spring Festival and Christmas?），如节日的起源、节日饮食、节日特色活动等。

（3）让学生分析和比较两个节日的相同之处（What are the similarities between them?），如都是重要的传统节日、节日活动基本相同（节日购物、装饰房屋、互赠礼物、家人聚餐）等。

（4）引导学生思考、提炼两个节日的文化共性（Both festivals share the same traditional values. Both should be accepted and respected.），感悟这两个中西方传统节日所承载和彰显的“感恩祝福”“团圆和谐”“亲情友爱”“辞旧迎新”“憧憬未来”等共同的文化内涵。

第四部分

语言文化篇

刘爱彬 *

文化自信驱动下的“一带一路”语言规划刍议

〔摘　要〕随着共建“一带一路”倡议的深入推进，语言在其中发挥的先行性、基础性、工具性和人文性作用愈益彰显。本文聚焦文化自信驱动下的“一带一路”语言规划，以语言的地位规划、声誉规划、话语规划、本体规划、习得（教育）规划和翻译规划六个维度为指导，从宏观、中观、微观三个层级厘清主体对应的政策沟通、设施联通、贸易畅通、资金融通和民心相通的“五通”具体规划内容，尝试为各层级行为主体设置议题、提出建议，为推动共建“一带一路”倡议走深走实以及发展、完善语言规划体系提供理论参考与借鉴，助力形成平等、互惠、包容、开放的语言文化交流态势。

〔关键词〕文化自信；一带一路；语言规划

一、引言

中国的文化自信根植于中华优秀传统文化，浸润于中国革命文化，现在体现为社会主义先进文化。优秀传统文化中的与时俱进与天下大同、

* 刘爱彬，北京第二外国语学院中国“一带一路”研究院助理研究员。

革命文化中的艰苦奋斗与实事求是、社会主义先进文化中的改革创新与共享发展，无不成为共建“一带一路”倡议的思想标尺，体现在“共商、共建、共享”的原则和建设人类命运共同体的美好愿景之中。语言自信的前提是文化自信，而文化自信必然通过语言表达和体现。① 党的二十大报告多次强调“推进文化自信自强”和推动共建“一带一路”高质量发展的重要性与必要性。积极响应国家发展战略，构建“一带一路”语言规划，运用语言开展全球善治，② 推动中华优秀语言文化的创造性转化和创新性发展，提升国家语言治理能力和国际话语权势在必行。

二、研究综述

在理论方面，现代“语言规划”（Language Planning）于 20 世纪 60 年代由国外学者豪根（Haugen）提出，经由库珀（Cooper）、哈尔曼（Haamann）、卡普兰（Kaplan）、巴尔道夫（Baldauf）以及埃杰（Ager）的补充完善，形成了经典的语言规划理论模型。该理论将语言规划划分为地位规划、本体规划、习得规划与声誉规划，指出语言规划的目标有宏观、中观与微观之分。

在实践方面，国内的语言规划研究虽然起步较晚，但是密切关注国家战略需求，诸多研究聚焦、发轫于 2013 年的共建“一带一路”倡议。部分学者借助国外语言规划理论，提出基于“一带一路”的语言规划研究框架：统筹国内国际语言生活两个大局，关注语言资源保护、丝路外语教学、跨境语言与周边安全、共建国家和地区的汉语传播、共建国家和地区的华语教育、“一带一路”话语体系建设和语言智库建设等 7 大议题。同时，有关研究从地位规划、功能规划、习得规划、声誉规划和翻译规划等 5 个方面进行探索并具体落实。

简言之，我国基于共建“一带一路”倡议的语言规划研究不仅紧密

① 冯智强：《语言自信驱动下的十九大报告国家政治修辞英译》，《当代外语研究》2021 年第 5 期。

② 李宇明：《语言在全球治理中的重要作用》，《外语界》2018 年第 5 期。

结合时代特征、回应国家战略需求，而且在理论创新、议题拓展、实证研究和量化分析等方面均有建树。但上述研究缺乏对各议题的深入探讨以及对共建国家的分区域研究和对现有规划的有效性考察与验证，对文化自信的生成谱系、精神内核及其对推动“一带一路”建设的重要意义阐释不足。在推进共建“一带一路”倡议走深走实的过程中，我国亟须建立和完善行之有效的语言规划体系，回应后疫情时代多层次、多领域、多样化的语言需求。

三、“一带一路”语言规划体系

如表1所示，“一带一路”语言规划体系是在语言互通的基础上，在“六维”规划方向的指导下，由宏观、中观、微观多层主体共同发力，针对“五通”具体内容对语言生活作出的干预与管理，包括语言政策和战略的制定、实施、反馈与改进等，是全球语言治理的重要组成部分。

表1　“一带一路”语言规划体系

<table>
<tr><th>“六维”规划</th><th>层级</th><th>主体</th><th>“五通”</th><th>内容</th></tr>
<tr><td rowspan="3">地位规划
声誉规划
话语规划
本体规划
习得（教育）规划
翻译规划</td><td>宏观</td><td>国家</td><td>政策沟通</td><td>语言政策
语言安全
语言能力
丝路话语体系
跨境语言
少数民族语言</td></tr>
<tr><td>中观</td><td>企业
高校
智库
社会机构</td><td>设施联通
贸易畅通
资金融通</td><td>语言的经济价值
语言产业
语言服务
外语/华语教育</td></tr>
<tr><td>微观</td><td>个人</td><td>民心相通</td><td>翻译</td></tr>
</table>

资料来源：作者自制。

1. “六维”语言规划方向

笔者在经典语言规划理论模型基础上，结合“一带一路”现实状况与时代特征，尝试进一步完善现有“一带一路”语言规划的内容与议题设置，明确“一带一路”语言规划应坚持“六维一体”的指导方向，分别是语言的地位规划、声誉规划、话语规划、本体规划、习得（教育）规划与翻译规划。

语言的地位规划是“一带一路”语言规划的战略定位，将语言规划提升至与文化自信等同的战略高度，可为其他规划奠定基调；声誉规划作为语言规划的“门面担当”，致力于发挥汉语在代表国家对外形象中的作用；话语规划则是将话语纳入规划对象，可发挥其在对外传播方面对于话语权与对外话语体系建构的重要作用；本体规划注重对语言本身的规范与改造，在“一带一路”语言规划中体现为汉语的规范使用、词典的修订、专业术语的规定及书写系统的完善等；习得（教育）规划既包括传统意义上的外语/华语教学，又包含语言教材的制定、学习材料的编写等；翻译规划关注“一带一路”共建国家语言的异质性，主要包括翻译人才的培养、中华典籍的外译及现当代国际交往中涉及翻译的方方面面。以下将对不同层级主体在建设“一带一路”语言规划体系中的内容进行详述。

2. “一带一路”语言规划体系的主体与内容

“一带一路”语言规划的实施离不开多层主体的协调配合。传统语言规划主张发挥政府的主导作用，强调政府在语言政策制定与对外沟通中的主导地位；现代语言规划则认为语言规划从制定、实施、评估、反馈到调整的全过程是多层级、多主体参与的规划活动。李宇明将语言生活划分为宏观、中观和微观三个层级。① 在语言规划体系中，该划分形式不仅代表各层级实施主体，而且与“五通”中的具体语言规划内容分别对应。

① 李宇明：《论语言生活的层级》，《语言教学与研究》2012 年第 5 期。

（1）宏观层面

国家统筹国内国际两个大局，是国内语言生活管理和国际语言交往的行为主体，既要探讨国内语言生活、制定相应语言政策、分析国内语言生态资源和语言需求，又要关注“一带一路”共建国家和地区的语言状况、边境地区的跨境语言资源、双边或多边交往中的语言使用以及如何减少国际上的“失语”现状，如何建设对外话语体系，提高“讲好中国故事、传播好中国声音”的能力等问题。因此，“一带一路”语言规划应聚焦以下几个方面的“政策沟通”。

因时因地制定语言政策。应根据沿线区域不同的地理圈、文化圈或语言域进行划分，结合历史渊源与各地实际情况施以多样化语言政策，满足个性化语言需求。

文化先行保障语言安全。文化距离直接影响语言安全。面对共建国家复杂多样的国情，既要借助经济利益共享的“敲门砖”实现“走出去”，又要达成以文化共识为基础的“走进去”。要筑牢与东亚、中亚等文化距离相近国家的关系网，拓展与西亚、欧洲、非洲等文化距离较远国家的关系网，秉持文化自信，挖掘、保护本民族文化中的语言文字、现象、表达，从而保障语言安全，同时，切忌文化自负或文化自卑。

注重提升国家语言能力。一方面，应加强外语语种和非通用语的规划建设，为维护国家利益和安全提供人才资源；另一方面，要重视应急语言、网络语言、学术语言、企业语言等多方面语言能力的培养，时刻保障充足的外语资源，以应对外来威胁。

多方协同构建丝路话语体系。自新冠疫情发生以来，西方媒体进行轮番炒作，中国在这场媒体战舆论战中处于被动局面。① 当前国际舆情“西强我弱”的局面并没有得到根本改变，多数国家的思想意识形态站位依旧十分明显。在此形势下，构建丝路话语体系就是要争取共建“一带一路”倡议的话语权，扩大设置议题的权力，如在政策性话语中避免共建“一带一路”倡议被视为中国的“马歇尔计划”或“新殖民主义”等，在学术性话语中提升西域研究、敦煌学研究、古丝路研究等人文历

① 张建民：《后疫情时代对外传播中的话语权建构》，《当代传播》2021 年第 6 期。

史领域的学术话语权等。

发掘和保护跨境语言资源及少数民族语言资源。后现代转向的“一带一路”语言规划更加注重语言资源的发掘与保护。我国边疆地区的少数民族群体与“一带一路”诸多国家共享种类繁多的跨境语言资源，这些资源主要分布在与我国邻接的东南亚、南亚、中亚等地区，系属分类上包括汉藏、南亚、阿尔泰、印欧等语系。鉴于以上语言资源分属不同的语言系统，文字表现形式繁杂，语言活力日益衰退，加强对跨境语言资源和少数民族语言资源的规划和保护时不我待。

（2）中观层面

中观层面的语言规划上接宏观，下连微观，是“一带一路”语言规划的枢纽，其行为主体主要是各类跨国企业、各高等院校、各领域的智库以及各类型的社会机构、基金组织等。作为社会层面的沟通，中观层面的语言规划对应“设施联通”“贸易畅通”“资金融通”，能够为“一带一路”建设提供硬件与软件的支持，助推国家贯彻落实语言规划。具体可以从以下几方面入手。

充分挖掘语言的经济价值。语言互通作为“五通”的前提与基础，在“一带一路”建设中蕴含丰富的经济价值。基础设施建设的互联互通是“一带一路”的根基。无论是项目的协商、确立，还是中期的运营、跟进，抑或是后期的维护、调整，语言服务始终贯穿其中，成为基础设施建设坚实的保障。国家事业单位、民营跨国企业、国际组织、外资企业在具体项目的实施过程中都离不开语言的支持。贸易畅通是“五通”的核心。其中，语言因素是影响国际贸易流量的一个重要因素。[①] 截至2023年6月，“一带一路”建设中的经济合作和贸易往来频繁。当前已有150多个国家和30多个国际组织与中国签署了共建“一带一路”合作文件，形成了3000多个合作项目。[②] 2023年1—4月，我国企业在“一带一路”共建国家非金融类直接投资75.3亿美元，同比增长9%，占总

① William Hutchinson, "Does Ease of Communication Increase Trade? Commonality of Language and Bilateral Trade," *Scottish Journal of Political Economy* 49, no. 5 (2002): 544-556.

② 《共建“一带一路”助力构建开放型世界经济（国际论坛）》，人民网，http://world.people.com.cn/n1/2023/0610/c1002-40010418.html，访问日期：2023年11月24日。

额的 17.8%。[①] 这一切的贸易活动都离不开语言。语言能助力实现双边和多边贸易中信息及时、准确、有效的交换，促进贸易协议的签署。资金融通在“一带一路”建设中有着重要的推动作用。货币流通规模的逐渐扩大，亚洲基础设施投资银行和金砖国家开发银行的建设，丝路基金的运营以及人民币债券的发行，均依赖于语言的基础性作用，离开了语言，这些金融交易平台的运营与金融业务的开展都会受到严重阻碍。因此，要深刻认识并充分挖掘“一带一路”建设中语言的经济价值，发挥语言的先行性、基础性和工具性作用。

集中发展语言产业。李宇明认为，语言不仅是一种软实力，同时也是一种硬实力，它以产业的形式促进国民经济的发展，创造价值，赚取“语言红利”。[②] 语言产业有多种表现形态，如语言翻译、语言培训、语言会展、语言能力测评、语言出版等。以语言出版业为例，江苏师范大学杨亦鸣教授于 2015 年编辑出版国内首部“一带一路”语言服务工具书《“一带一路”沿线国家语言国情手册》，以国别分类形式呈现“一带一路”64 个共建国家的语言、民族、宗教等方面内容。外语教学与研究出版社于 2021 年出版首批“一带一路”共建国家文化教育大系成果 10 册，为“一带一路”从“大写意”走向“工笔画”打下了良好基础，带动了语言出版行业的发展。

合力培养语言人才。“一带一路”语言规划涉及经济、政治、教育、文化、法律、民族、宗教、国际组织、区域国别等广泛的领域和议题，因此，为“一带一路”建设提供语言服务也要满足多样化的需求。其中，利用校企合作为语言服务及时输送人才是首要任务。企业与高校作为社会层面的语言规划行为主体，在打造“专业+外语”的“复合型”人才以及精通区域与国别问题的“研究型”人才方面应该通力合作，[③] 在

---

① 《2023 年 1—4 月我对“一带一路”沿线国家投资合作情况》，“走出去”公共服务平台，http://fec.mofcom.gov.cn/article/fwydyl/tjsj/202305/20230503411993.shtml，访问日期：2023 年 11 月 24 日。

② 李宇明：《认识语言的经济学属性》，《语言文字应用》2012 年第 3 期。

③ 沈骑：《“一带一路”倡议下中国语言规划的五大任务》，《光明日报》2017 年 5 月 7 日，第 12 版。

高校中设置语言服务创新创业研究基地，定期举办“一带一路”跨国公司进课堂或深入企业内部采访学习等实践活动，为“走出去”的中国企业提供“点对点”式的人才服务，根据企业实际需要量身打造人才培养方案。

进一步推动国际中文教育高质量发展。共建“一带一路”倡议的实施，离不开语言的支撑，更离不开汉语的国际推广。① 随着中国国际地位和影响力的提升，国际中文教育群体日益壮大。汉语的推广要以文化自觉作为精神渊源，以文化自信作为精神支柱，立足中华优秀传统文化，在与“一带一路”共建国家和地区的多元文化互动中弘扬中国精神，汇聚中国力量。

（3）微观层面

“一带一路”微观层面的语言规划同个人的生存与发展息息相关。“民心相通”作为“一带一路”建设的社会根基，是整体语言规划中细节最为丰富、前景最为广阔、影响最为持久的重要一环。依托语言扩大“一带一路”建设的“朋友圈”需要翻译先行。

“一带一路”共建国家文化多样，民族宗教情况复杂，经济状况差别迥异，社会语言需求各不相同。要实现与共建国家长久有序的文化交流与文明互鉴，组建一支专业知识过硬、实践基础扎实的翻译人才队伍尤为关键。译者处理译文的过程不是语言文字符号的简单转换，而是一项涉及文化交流方方面面的复杂活动。

以中国文学作品的外译为例。真正能“走出去”的译本不仅要注重语言层面的翻译技巧，更要考虑多重外部因素的影响，如目标国的意识形态、文化传统、读者审美等。译者在选材上应采取柔性策略，尽量选择具有世界意义的文学作品，应关注人类共同发展前景，从而加强各国受众之间的文化认同；在形式上应采取物质形式和符号形式相结合的方式，并积极举办相关学术会议、文化节和书展等活动，加强影像、图片等多模态符号形式的传播，不断扩大中国文学作品的影响力。

① 刘筱杉：《论“一带一路”倡议下汉语国际推广中的文化自信问题》，《西北民族大学学报（哲学社会科学版）》2018 年第 5 期。

以政治文本翻译为例。政治修辞的使用有助于塑造国家形象，体现文化自信与语言自信。译者在政治文本翻译中扮演修辞者的角色，能帮助国家在受众面前构建出和蔼亲民、值得信赖的主体形象。党的二十大报告中存在诸多具有鲜明中国特色的表达，如“中国式现代化”“全过程人民民主”“马克思主义中国化时代化”等，译者只有具备贯通古今的才华和智慧，才能在翻译过程中彰显大国风范，使政治文本的翻译具有公信力、感染力和号召力。

四、结语

“一带一路”建设需要语言铺路。当前，由于宏观层面国家语言政策和能力的相对不足、中观层面各社会主体的合作乏力、微观层面个人翻译技能的相对欠缺，“一带一路”建设面临议题设置相对匮乏、主题划分不够明确、文化自信未能发挥精神动力的瓶颈与挑战。为应对上述挑战，首先要从“一带一路”语言规划入手，以宏观、中观、微观层次为经，以“六维”规划方向为纬，在厘清各层级主体与“五通”具体内容对应关系的基础上，再从语言互联互通入手，搭建“利益共同体、责任共同体、命运共同体”的桥梁，回应共建“一带一路”倡议多层次、多领域、多样化的语言需求。

张鹤曦　杜晓雪*

“一带一路”语言认同的理论要素、发展历程和未来走向

〔**摘　要**〕语言作为一种特定人群共享的符号系统，赋能言说者不同层面的认同内涵。作为一种身份符号，良性语言认同有助于建构民族国家；作为一种社会思潮，语言认同形塑现代政治体系；作为一种价值观念，语言认同标识文化共同体。语言认同的发展随外部环境的变化表现出不同的特征，既可以为大国争霸所用，也可以作为谋求民族独立的工具，还可以成为促进全球化发展、推进高质量共建“一带一路”的重要手段。由于英语作为全球通用语仍将在未来一段时间内维持其强势地位，其作为权力、身份和力量象征的认同隐喻仍有较强的渗透性和传播力。用“一带一路”共建国家民族语言解构西方语言霸权，用语言民族主义对抗英语语言帝国主义将成为今后一段时间“一带一路”语言认同发展的主要形式。

〔**关键词**〕“一带一路”语言认同；身份政治；语言民族主义；对外语言推广

* 张鹤曦，北京第二外国语学院中国“一带一路”研究院助理研究员。杜晓雪，北京第二外国语学院中国“一带一路”研究院助理研究员。

一、引言

认同最初是心理学领域用于分析个体心理态度的理论，[①]之后被民族学、社会学、政治学等学科借用，逐渐发展出了自我对"先赋身份"由内而外的感知和对"后致身份"自外向内的评价两个层面，[②]现多用于分析个体对所处社会结构位置的判断和确认，[③]以及对特定族群、社会和国家等组织对象同质性身份的态度。语言认同则是行为体在此基础上通过语言找寻个人身份归属、形塑国家价值体系乃至联结世界共同体的载体和纽带。

20世纪60年代，拉波夫（Labov）针对语言与社会层级的关系探讨了语言态度与身份认同问题，[④]语言认同研究由此兴起。当时，学者主要强调阶层、性别等外部因素对语言认同的塑造作用，认为其和群体成员身份建构密不可分，[⑤]是区分不同文化的一种手段和联系群体记忆的重要纽带，是群体成员获取精神力量、感知社会存在和延续历史文化的工具。基于语言与民族的密切联系，国家语言认同的民族性备受关注，语言认同被认为能够增强民族性拉力，进而保持群体内部价值的同一性。20世纪六七十年代，后工业社会颠覆了西方社会的政治经济结构，认同政治等新社会思潮[⑥]进一步加剧了西方社会的极化状态，[⑦]世界秩序和

① 周平：《边疆治理视野中的认同问题》，《云南师范大学学报（哲学社会科学版）》2009年第1期。

② Henri Tajfel, *Differentiation Between Social Groups: Studies in the Social Psychology of Intergroup Relations* (New York: Academic Press, 1978), pp. 77-100.

③ 曹培鑫、王瑶琦：《角色与认同困境：国际广播中的华人记者研究》，《文艺理论与批评》2021年第4期。

④ W. Labov, *The Social Stratification of English in New York City* (Arlington: Center for Applied Linguistics, 1966), p. 19.

⑤ Omid. A. Payrow Shabani, "Language Policy and Diverse Societies: Constitutional Patriotism and Minority Language Rights," *Constellations* 11, no. 2 (2004): 193-216.

⑥ ［澳］约翰·S. 德雷泽克：《协商民主及其超越：自由与批判的视角》，丁开杰等译，中央编译出版社，2006，第50页。

⑦ 方敏、朱韵：《当代西方身份政治历史局限性反思》，《毛泽东邓小平理论研究》2020年第10期。

全球治理体系遭受挑战。“一带一路”语言认同研究随着撕裂的社会价值观念逐渐转向如下核心议题：“一带一路”语言认同如何保护少数群体、维护多元价值体系？[①] 如何在要素全球流动的多元社会中界定个体身份？

20 世纪 90 年代，国内语言认同研究开始起步，在随后的 30 多年间经历了两次转变：第一次转变从初期关注少数民族语言认同和地方方言认同问题逐渐转向聚焦外来打工者、海外华裔等双重身份群体的语言认同问题；第二次转变则源于共建“一带一路”倡议的提出与即时通信的普及，来华留学生的汉语认同以及网络语言生态成为核心议题。整体而言，语言认同研究在语言标准化、汉语教育、地域认同、语言数字化等方面的规划与应用方面作出了一定贡献。

当前“一带一路”语言认同研究仍存在一定问题，语言认同常常被泛化为主观上的语言态度或语言选择，[②] 而忽视了语言与身份认同之间的内在客观联系。同时，变异学派[③] 和互动学派[④] 等学派分歧较大，造成了当前语言认同缺乏理论主线的情况。鉴于此，厘清语言认同的理论要素，明晰语言认同的演进历程，并在此基础上前瞻“一带一路”语言认同的未来走向，对于助力全球语言治理具有重要意义。

二、语言认同的理论要素

语言作为一种特定人群共享的符号系统，能够凭借极强的信息承载力和价值凝聚力为各个群体之间的边界画出分割线。其域内民众的日常交流和语言文化产品的传递，在结合不同时空的差异性与具体社会组织关系、要素分配变迁等因素后，能在不同层面深化语言所承载的群体认

① 王湜：《文化多元主义的身份政治困境》，《山东师范大学学报（人文社会科学版）》2019 年第 6 期。

② 方小兵：《当前语言认同研究的四大转变》，《语言战略研究》2018 年第 3 期。

③ Penelope Eckert, “Three Waves of Variation Study: The Emergence of Meaning in the Study of Sociolinguistic Variation,” *Annual Review of Anthropology* 41 (2012): 87-100.

④ 徐大明主编《社会语言学实验教程》，北京大学出版社，2010，第 176 页。

同内涵，为人文思潮、社会运动和国家结构中语言群体的共识积聚和权力变迁提供理论支撑。

1. 作为一种身份符号，语言认同建构民族国家

语言作为“共同符号”，具有身份标识性和信息联结性两大功能。在15—18世纪西欧民族国家形成的关键期，语言认同常常成为国家建构的重要工具，通过推行统一语言，可以塑造共同体认同和民族情感。18世纪，卢梭提出的政治共同体原则催生了现代民族观念，①引发了溯源族群历史记忆的认同之路，强调身份认同对于民族权利重要性的原生论（primordialism）②也随之出现，原生语言和文化成为族群的身份象征和认同基础。亨廷顿认为，在民族组成的诸多要素中，宗教和语言处于核心地位，其中语言更能直接凸显民族属性。③形式统一的民族语言随着民族国家的建立而成为民族精神的代表，④其使用及产品衍生的过程推动了民族国家的制度发展及价值认同的培育，而生产生活、文化风俗、思维方式、价值取向在被语言阐释的过程中又反过来为语言打上了民族的标记和烙印。

在随后的几个世纪里，众多学者用语言的两大特性反向分析了现实社会国家形式的变化，提出了多样化的语言认同观点以证明其对社会权力的影响。19世纪初，德国哲学家费希特在《对德意志民族的演讲》中提出，使用相同语言的人能构筑起内在边界以区隔各个民族。⑤此后，恩格斯在《论封建制度的瓦解和民族国家的产生》一文中称划分语族是国家建立的基础，⑥认为社会共同意志的形成得益于语言的信息联结性，

---

① Gerard Delanty, *Formations of European Modernity* (London: Palgrave Macmillan, 2019), pp. 186-187.

② 林德山：《欧洲民族主义的复兴与欧洲未来》，《探索与争鸣》2020年第8期。

③ Samuel Huntington, *The Clash of Civilizations and the Remaking of World Order* (New York: Simon & Schuster, 1996), p. 59.

④ ［德］威廉·冯·洪堡特：《洪堡特语言哲学文集》，姚小平译，湖南教育出版社，2001，第66—77页。

⑤ Fichte Johann Gottlieb, *Address to the German Nation* (New York: Harper Torchbooks, 1968), pp. 190-191.

⑥ ［德］马克思、恩格斯：《马克思恩格斯全集》（第21卷），人民出版社，1974，第452页。

并进一步用西欧民族国家产生的过程验证了语言的两大功能特性在社会建构上的合力作用。20 世纪，美国政治学家多伊奇（Karl W. Deutsch）在《民族主义和社会沟通》中将语言视为民族认同形成的前提，认为语言的信息联结性使得“在较大的议题上，群体内部能比群体外其他成员进行更为有效的交流”。[①] 美国历史学家特纳（Frank M. Turner）剖析了如何凭借语言的认同拉力把分散的民族聚合成整体性民族国家，提出共同的语言、历史文化构成了政治管理和族群分属的共同边界。[②] 可见，族群内大多数人将一种统一形式的语言作为主要交流工具使用，成为人类组织从血缘部族社会向地缘民族国家演进的一大标志。

2. 作为一种社会思潮，语言认同形塑现代政治体系

传统社会活动及政治议题往往聚焦于利益政治，强调经济原则优先，然而社会分工的变化和技术要素的累积致使关注文化元素的身份政治掀起了新的社会运动浪潮，语言作为一个显著的认同要素走向了社会政治舞台的中央。而在此基础上的利益政治、身份政治和话语政治的融合发展进一步扩大了语言在现代政治体系中的作用。

利益政治源自工业革命以来社会多数群体对经济的普遍关切，[③] 主张人的身份、立场和行为随经济地位而改变。这一主张认为利益政治主要通过阶级关系表现出来。[④] 这一思想体系在诞生后的数个世纪里对世界思潮及经济、政治的走向产生了非常深刻的影响。可以说，社会主体的经济身份是主导 19 世纪和 20 世纪政治活动和分析框架的根本性因素。然而，20 世纪 60 年代以来，西方社会政治经济结构在后工业社会的牵引下发生重大变化，传统阶级政治式微，身份政治登场。身份成为组织

---

① Deutch. Karl W, *Nationalism and Social Communication: An Enquiry into the Foundation of Nationality* (Massachusetts: M. I. T. Press, 1953), p. 97.

② Frank M. Turner, *European Intellectual History from Rousseau to Nietzsche* (New Haven: Yale University Press, 2014), p. 155.

③ 项佐涛、李家懿：《认同政治与利益政治的双建构——波兰、匈牙利和捷克民粹主义政党的崛起》，《欧洲研究》2020 年第 4 期。

④ 中共中央马克思恩格斯列宁斯大林著作编译局编译《马克思恩格斯选集》（第三卷），人民出版社，2012，第 401 页。

政治的动员力量，而解释身份的耦合要素转变为政治的中心任务。[①] 流动社会中多元身份的界定标准取代了旧有的经济利益成为核心议题之一，于是语言的重要性在社会政治认同中体现出来。美国政治思想家马克·里拉（Mark Lilla）认为，身份政治要求人们利用流动要素，如语言、宗教，主动建构某种身份认同并结成认同团体，进而以团体为单位提出政治诉求并开展社会政治运动。[②] 他鼓励人们参与到公共生活中以培养个人认同，进而以认同将分散于世界各地的人联系起来，构成一个有高度选择性的独特身份团体。语言的这种形塑能力经由媒体的全球联通，将社会政治活动由单一议题推向利益政治、身份政治与话语政治的多方交融。由此产生的结果是等级政治、普遍政治向个体政治演进，等级身份、经济身份向文化身份变迁，[③] 以语言为载体的群体认同升级为全球政治体系运行的新方式。

3. 作为一种价值观念，语言认同标识文化共同体

语言学研究普遍认为，语言是人类创造的工具，是使用者为在特定群体内部进行有效交际、获得认同的规范性技能。作为认同标记和价值工具，语言肩负着群体标识、政治象征及文化标识的作用，使处在相同语言体系、相近文化传统之中的人能够自然地习得相似的生活习惯，形成相通的思维方式。语言所具有的移位性[④] 在此类共识基础上打破了自然和地理边界，使语言使用者之间实现了沟通与理解，使他们能够在现代社会追忆历史，并基于现有基础展望未来，在共同发展的思维活动中加深主体间的情感联系，从而与其他共同符号及制度安排一同协调社会群体的价值判断，形成特定地域内居民共同的身份认同、向心性和归

---

① L. A. Kauffman, "The Anti-Politics of Identity," *Socialist Review* 20 (1990): 67-80.

② 何涛：《极端个人主义的"伪政治"——马克·里拉对美国当代身份政治的批判》，《国外理论动态》2020 年第 6 期。

③ 庞金友、洪丹丹：《大变局时代的身份政治与西方民主政治危机》，《行政论坛》2009 年第 6 期。

④ 语言学概念，语言的五大特性（任意性、创造性、双重性、移位性、文化传递性）之一，指人类语言可以让使用者在交际时用语言符号代表在当前时间和空间上不存在的物体时间和观念。

属感，[①] 在拥有统一文化、政治特征的组织框架中完成语言文化共同体的构建。换言之，语言的信息联结性通过大规模价值认同传递，产生出意识形态和文化层面的凝聚力，“想象的共同体”（imagined communities）得以建立。

以拉丁语为例，中古时代的拉丁语是基督教世界的共同语，是上层贵族、教会人士、文人学者使用的高级语言，其被赋予的国家权力、教会权力和文化权力共同缔造了蕴含相似价值观和强烈认同感的精神纽带，将原本分散的拉丁语母语人士与欧洲精英阶层联合成紧密的集体，并建立起外交共同体、罗马天主教会和文人共和国三大国际性共同体。[②] 为继续加深拉丁语的身份认同价值，扩大语言使用者范围，学者们倾向于使用已成为大学教学语言的拉丁语作为自己作品的载体开展学术活动。同时，作为已失去民族属性的古典语言，较为中立的拉丁语对纷争不断的欧洲各国而言具有较强的外交实用价值。凭借鲜明的身份象征和极强的价值属性，拉丁语作为媒介和标识实现了内部成员的集体互信，传递了共同体的集体认同，同时也保障了共同体的集体自尊，[③] 巩固了其在国际范围内的集体地位。

三、语言认同的历史演进

社会形态的更替衍生出民族国家，国际秩序的变迁造就了大国霸权的更替，语言认同的发展随着外部环境的演变表现出不同特征，展现出在社会结构与国际秩序变迁中的灵活性与实用性。

1. 作为大国争霸工具的语言认同

在资本主义扩张的进程中，语言在经济实力和政治权力的支撑下转

① 张寅：《民族国家建构中权力合法性基础的巩固——强势国家认同的双向建构》，《云南行政学院学报》2017 年第 5 期。

② 侯明华：《近代欧洲的语言与共同体——读〈语言的文化史〉》，《学术界》2016 年第 6 期。

③ 李丹：《构建“一带一路”文化共同体的基础条件与现实路径》，《中国人民大学学报》2021 年第 6 期。

化为殖民侵略的实际战斗力，借助自身的信息承载和符号象征带来的标识性，其与武器在殖民过程中分别以"软渗透"和"硬攻击"两种路径侵蚀殖民地的传统文化，并瓦解了殖民地原有的权力体系和制度架构。丹麦语言文化学家罗伯特·菲利普森（Robert Phillipson）在其专著《语言帝国主义》中对英语等语言在国际层面获得主导地位的原因和方式进行了研究，提出了"通过确立与重建强势语言与其他语言间结构与文化上的不平等，来主张和维护其支配地位"的"语言帝国主义"①这一概念。物质的高占有通过语言传递出心理强优势，而处于这一结构的中心者使用的语言也被外化为"高权力""高价值"的代表，由此让受众主动降低对母语的依赖程度和评判高度，语言文化侵略也随政治经济殖民应运而生。

在国际力量格局变化中，老牌殖民地国家由于政治经济实力和权力结构差异对语言资源与活力②的影响减弱，英语凭借其逐渐提高的国际通用度与各地原住民及弱势语言展开语言价值的权力博弈，接替西班牙语、葡萄牙语和法语成为新霸权语言。全球化的推进加深了进攻性语言认同带来的世界文化同质化（homogenization），③广大新兴发展中国家在向西方国家学习政治与经济经验的同时，也不可避免地遭受文化层面的同化。针对英语的全球通用性，印度学者托夫·斯库特纳伯-康戈斯（Tove Skutnabb-Kangas）称其造成了意识形态、组织结构和社会实践三个层面的资源断层，④这种断层的出现正是英语母语国家以强大的资本实力为后盾展开教育理念和文化产品输出的结果。

互联网时代的到来催生了语言在新技术应用场景下新的本体形式和功能用法。通过先进的数字媒体技术、专业的国际舆论引导、庞大的文

---

① Robert Philipson, *Linguistic Imperialism* (Oxford: Oxford University Press, 1992), p. 47.

② S. G. Thomason, *Language Contact: An Introduction* (Washington: Georgetown University Press, 2001), p. 187.

③ Christian Mair, *The Politics of English as a World Language: New Horizons in Postcolonial Cultural Studies* (New York: Rodop, 2003), p. 7.

④ Tove Skutnabb-Kangas and Robert Phillipson, *Linguistic Human Rights, Over-coming Linguistic Discrimination. Contributions to the Sociology of Language* (Berlin & New York: Mouton de Gruyter, 1995), p. 67.

化话语体系以及丰富的文化数字产品，[①] 西方国家掌握了信息资源尤其是文化资源流向的决定权，并在大数据智能算法的掩盖下对暗含资本主义价值取向的语言文化信息进行生产聚合与精准投送，促进其国际身份和形象叙事朝着符合自身战略利益的方向演进。[②] 由此，语言霸权国凭借科技优势和媒介力量，将语言认同从现实领域转向隐蔽性更强的虚拟空间，[③] 利用媒介语言载体输送信息流和价值观，把控文化输出和舆论主动权。有学者将其称为网络时代的殖民主义，即“赛博殖民化”[④]（Cybercolonization）。当前，英语仍然是互联网最重要的媒介语言，它作为一种无形的权力和资产，[⑤] 其所带来的语言认同霸权在一段时间内还将持续存在。

2. 作为民族独立工具的语言认同

第二次世界大战后，全球殖民体系逐渐瓦解，语言霸权主义遇挫，以赋能民族国家建构的“语言民族主义”兴起。殖民主义早前根据势力范围及竞争与制衡需要划分的国家领土撕裂了语言文化高度同质化的族群，[⑥] 新独立的国家面临国内极大的群体间差异，缺乏统一的同质性认同。坦桑尼亚、印度尼西亚、巴基斯坦等国的官方语言设定即属于这类情形。例如，印度尼西亚由荷兰殖民体系内数个互不联系的区域组成，缺乏可以依靠的共同记忆与国家基础，为实现成员认同的高效整合，印度尼西亚民族独立运动一开始便推行“一个国家、一种语言”的建国理

① 郭一君：《在文化交流中反对现代帝国主义文化霸权策略研究》，《河南大学学报（社会科学版）》2022 年第 2 期。

② 李博一：《百年大变局下的中国国际身份：变与不变》，《印度洋经济体研究》2021 年第 2 期。

③ 刘皓琰：《新帝国主义的数字殖民——从网络族群与注意力时间谈起》，《国外理论动态》2020 年第 3 期。

④ 杨卫东：《全球化时代的语言文化帝国主义》，《国际论坛》2013 年第 4 期。

⑤ 20 世纪 70 年代，法国社会学家皮埃尔·迪厄将经济学上的资本概念移植到语言社会学中，指出语言是一种文化资本，有流动性、高品位性，具有捍卫国家文化主权的重要作用，被拥有经济、社会、文化与政治权力的人群所广泛使用。在后现代主义看来，语言还是一种权力。参见杨卫东：《全球化时代的语言文化帝国主义》，《国际论坛》2013 年第 4 期。

⑥ 徐琳、王新刚：《试论语言民族主义的民族国家整合建构和分裂解构》，《外国问题研究》2019 年第 1 期。

念。建国者并未选择群岛中书写语言历史最久、声望最高的马来语，也放弃了使用人数占比最高的爪哇语，而是兼顾本土印记传承、官方机构联系、意识形态象征与民众心理状态，将民族运动者最早使用的巴哈萨印尼语定为官方语言。

苏联解体打破了原有的语言博弈格局，其原加盟共和国主体民族取代俄罗斯族成为新独立国家的主体民族，俄语在这些国家中因缺乏法律与组织的保障而逐渐弱化。但由于俄罗斯民族和俄语在短期内对新独立国家依旧有较大影响，因此新独立国家仍着力在语言的规范过程中将利益和资源再分配纳入国家共同语的塑造，凸显语言身份标记民族构建的功能。各国普遍的做法是将俄语设为族际交际语进行认同过渡，另以语言教育为重点将主体民族语言作为国家语言或官方语言。例如，爱沙尼亚通过增加俄文中学的爱沙尼亚语教学比例、拓宽爱沙尼亚语教学对象的年龄范围并免除考试费以及为入籍申请人提供爱沙尼亚语教学等方式逐渐挤压俄语的地位和价值吸引力。[①] 乌克兰自 2020 年 1 月起规定服务业全面改用乌克兰语，并于 2021 年 2 月立法禁止在国家电视台使用俄语播放电影、电视节目。2022 年 1 月初，乌克兰公布的全国性纸媒用语新法[②]又进一步加大了从语言文化上“去俄罗斯化”的力度。

概括来说，为改善民族国家语言文化安全现状，缓解少数语言使用者的分离主义情绪，新独立国家选择将语言的认同作用与基本功能区隔，依据社会语言环境和语言习惯的需要颁布或修改语言法规，[③] 以调整语言的本体形态与使用范围，引导语言认同在不同使用者群体中发挥差异性作用。其对民众语言转用的干预，与其说反映了语言自身规范化的要求，不如说体现了后冷战与全球化时代民族国家对自身民族身份的焦虑

① 戴曼纯、刘润清：《波罗的海国家的语言政策与民族整合》，《俄罗斯中亚东欧研究》2010 年第 4 期。

② 《乌克兰“去俄罗斯化”，纸媒只能用乌语》，环球网，https://hqtime.huanqiu.com/share/article/46JORwqpAxB，访问日期：2023 年 1 月 2 日。

③ Maarja Siiner, “Planning Language Practice: A Sociolinguistic Analysis of Language Policy in Post-Communist Estonia,” *Language Policy* 5, no. 2 (2006).

意识，[①] 是一种出于维护语言纯洁性目的而对语言民族身份标记功能政治化的行为。可以说，语言认同以集体意识作为情感支点完成了“情感动员”，履行了将个人情感上升、汇聚为民族共识的语言民族主义使命。

3. 作为全球化桥梁的语言认同

冷战结束至今，日趋开放的跨境民族交往及移民人口流动模糊了传统的民族国家界限，在单一民族认同之外衍生出多重身份认同。民族国家的主权边界渐趋模糊，原有的主权国家至上原则在合作中加速向一体化机制让渡部分主权，由此实现的内部成员互信合作和集体认同是一体化机制运行的必要条件，[②] 也是其集体自尊 [③] 和集体地位的保障。以欧盟为例，欧盟经历了多次扩大，现有 27 个成员国，以语言为手段实现利益均衡、化解内部冲突成为欧盟发挥语言认同作用的抓手。区别于经济、政治一体化，欧盟全境使用的 24 种官方语言及 60 多种区域性少数民族语言昭示着它在语言文化政策上坚持采取多元共生的语言认同标准，积极促进语言学习、保护语言多样性并创造多语言环境。其多元化的语言政策来源于成员国对本国语言价值的重视，是内部多元共生局面的扩大化，这也成为帮助欧盟在全球区域一体化中走在前列的语言保障。

与欧盟秉持多元共生思想、以对语言多样性的认同实现成员之间的和谐共处不同，安第斯共同体等组织则倾向于借助传统单语制及其蕴含的共同语言文化基础消除价值隔阂、实现认同弥合。安第斯共同体是拉丁美洲沿安第斯山脉国家组建的区域性国际组织，其成员国包括秘鲁、厄瓜多尔、玻利维亚和哥伦比亚。由于地处狭长的山地区域，各成员国土著人口众多，如克丘亚语（Quechua）等古老的官方语言仍有较为广泛的使用者，一味推行多语认同将加剧土著群体间的认同鸿沟。因此，安

① 吴泽泉：《身份焦虑与现实困境——论当代中国的语言民族主义》，《甘肃社会科学》2006 年第 5 期。

② 方浩范：《儒学思想与东北亚“文化共同体”》，社会科学文献出版社，2011，第 101—102 页、第 202 页、第 208 页、第 280—282 页、第 311 页。

③ 李丹：《构建“一带一路”文化共同体的基础条件与现实路径》，《中国人民大学学报》2021 年第 6 期。

第斯共同体选择使用西班牙语作为官方语言和唯一扫盲用语，给予其在政府公文、报刊媒体和日常生活中的主导语言地位，① 在对本土土著语言采取保护措施的同时，以语言标准化搭建沟通桥梁，构建区域性认同共同体。类似选取共同语言作为联系纽带的还有特定民族群体组建的共同体，据《国际组织年鉴》统计数据，有 14 个洲际性国际组织选择希伯来语作为官方语言。尽管其国际通用度有限，但希伯来语是犹太教精神与价值的载体，② 也是犹太民族的认同象征和联系纽带。因此，以犹太民族为主体成员的一体化组织往往通过成员对希伯来语的语言认同来团结族人，在超国家层面实现整体身份认同。可见，在全球联通时代，各国家和国际组织对语言认同的重视体现的是寻求内外双向互通的价值内涵。

四、"一带一路"语言认同的未来走向

随着数字社会的来临，新社会形态与空间领域逐渐生成，源于现实的人际互动在虚拟环境中开辟出新的运行模式。数字技术弱化了人们通过纸媒培养的语言实践能力和文化感知方式，运用大数据、人工智能等新数字媒体技术建立的在线语言服务平台以及打造全球联动的数字化语言资源网络成为语言认同发展的新手段。如果无法适应这些快速迭代的新式语言认同体系，将难以融入虚拟领域的交际活动。同样，如果政策主体在虚拟社会中缺场，则难以推行主流价值观话语，无力协调话语对象以获取民众的深层认同。③ 西方大国的价值争霸造就"单一语言的全球化"，其强势话语体系及意识形态不断侵入弱势民族国家，④ 同时，内部话语主体的缺场导致主体话语认同缺位，使得弱势民族国家不得不在

① 王珑兴、郑咏滟：《语言地位视角下安第斯共同体四国语言法律的历史结构性分析》，《西安外国语大学学报》2022 年第 1 期。

② 王文俊：《民族语言学视角下的希伯来语复兴原因探析》，《西南边疆民族研究》2015 年第 3 期。

③ 桑玉成、梁海森：《政治认同是如何形成的?》，《复旦学报（社会科学版）》2017 年第 4 期。

④ Alexander V. Kravchenko, "Information Technologies, Literacy, and Cognitive Development: An Ecolinguistic View," *Language Sciences* 84, no. 3 (2021).

语言认同非安全生态下，直面西方话语霸权[①]等语言文化与价值认同挑战。由于全球权力格局变迁与语言格局变迁不完全同步，英语作为全球通用语仍将在未来一段时间内维持其强势地位，其作为权力、身份和力量象征的认同隐喻仍有较强的渗透性和传播力。用"一带一路"共建国家民族语言解构西方语言霸权、用语言民族主义对抗英语语言帝国主义将成为今后一段时间全球语言认同发展的主流趋势之一。

从语言认同的本性来看，以"用"为本的语言实用化逐渐打破依照国家硬实力进行语言权力排序的法则，各国聚焦本国优势行业与国际重要议题，在特定领域扩大语言认同、争取话语权力，政治经济实力不再是决定国际语言权力的单一标准。在《国际组织年鉴》的统计数据中，日语、韩语、印地语等在一定意义上的弱势语言均在特定领域被用作官方语言，拥有较高的国际话语权。例如印度成立了世界中小企业协会，印地语被认定为该协会的官方用语；韩语因为其在跆拳道上的贡献与成就，成为多个跆拳道国际组织的指定用语；日本长期关注社工权利、文化教育、公共服务、可持续发展等议题，因而国际社会工作学院联盟、国际采矿与金属理事会、世界不动产联盟等十多个国际组织均将日语设为官方语言。由此可见，母国在相关领域的高国际参与度能成为相应语言提升国际地位的重要支撑。[②]

语言作为国际博弈和权力斗争工具的属性有可能在国际变局中得到强化。以乌克兰国内外的语言认同情况为例，除主体民族乌克兰族和人口相对较多的俄罗斯族之外，乌克兰国内主要有白俄罗斯族、加告兹族、希腊族、罗马尼亚族、摩尔多瓦族、匈牙利族等少数民族。为调和民族间的差异化，在少数民族人口众多的区域，民众可以使用本族语言进行口头和书面交流，标识、印章、图章和文件也被允许以本族语言书写。但同时，近年来乌克兰对媒体语言立法做了较大调整。如从 2004 年开始，乌克兰广播电视台不允许注册非国语传媒，此外，乌克兰《广播电

① 赵欢春：《论网络意识形态话语权的当代挑战》，《河海大学学报（哲学社会科学版）》2017 年第 1 期。

② 张慧玉、安雨晨：《国际组织语言权力博弈的非政治经济影响因素》，《语言战略研究》2022 年第 2 期。

视法》《信息法》《企业法》《广告法》等法令也明确指出相关禁令内容。国家在整体层面对乌克兰语地位的强化无疑挤压了其内部的各民族认同的生存发展空间。而从外部环境来看，乌克兰现阶段将与欧盟、北约的合作视为重要的国际发展方向，而国内部分地区由于族群认同和历史原因长期在“回归欧洲”和“与俄罗斯交好”之间存在分歧，成为其内部民族矛盾和乌克兰危机的导火索。由此可见，语言政策协调语言群体间关系的作用在日益弱化，而其作为权力与认同斗争武器的属性在不断增强。不同国家或组织均从各自的利益进行着政策考量，牵动着多国内部局势及区域安全的发展变化。

对于广大发展中国家，特别是“一带一路”共建国家而言，由于国家的话语建构在其获得国际认同中发挥着先导性作用，因而国家在拥有了一定的综合实力和话语地位后会进一步考虑“语言国际化”问题。[①]因此，积极开展国家自主话语建构，以适度超前的角度考量国家中长期的对外战略需求，为共建“一带一路”未来可能的语言需求预留资源，以增强自身文化的国际影响力，切实构建“一带一路”语言生态文明，是“一带一路”共建国家获得语言文化认同、增强自身文化软实力的重要实践路径。

① 岳圣淞：《语言战略构建与“一带一路”在南亚的可持续发展》，《南亚研究》2021 年第 4 期。

吴林满 *

共建“一带一路”倡议下中国参与全球语言治理面临的挑战与应对路径
——基于区域国别学视角

〔摘 要〕语言与区域国别学相辅相成、密不可分。区域国别学以语言为研究工具，关注语言所承载的人类文明进程。语言治理呈现语言发展的新理念、新范式和新延展，与区域国别学共同回应中国国内学科建设和共建“一带一路”倡议的发展需要。从区域国别学视域看，中国参与全球语言治理现面临国家语言能力建设、区域跨境语言合作和国际话语建构三大挑战。提升区域国别研究的语言能力，促进跨境语言合作的相互认知和加强中国国际话语的数字化建设是中国以高质量共建“一带一路”引领全球语言治理进程的重要应对路径。

〔关键词〕区域国别学；全球语言治理；语言能力；跨境语言；国际话语

* 吴林满，北京第二外国语学院中国“一带一路”研究院助理研究员。本文系北京第二外国语学院研究生科研项目《区域国别研究下中国参与全球语言治理的挑战与路径》阶段性成果。

一、引言

区域国别学是以国别和区域为研究对象的一门科学学科。[①] 2022 年，区域国别学成为交叉学科门类的一级学科，学科建设步入发展快车道，但不同学科与区域国别学的内在联系有待厘清。[②] 作为一门涉外研究的交叉学科，区域国别学始于对研究对象语言的理解与掌握。[③] 语言作为了解对象国别或区域情况的文字媒介，与区域国别学之间具有逻辑上的互通性和联动性。全球语言治理是国际社会以上下双向互动、多主体共同参与的治理形式进行的语言关系处理进程，可以看作以全球语言问题为导向的区域国别研究，能有效协助共建“一带一路”倡议与各国、各区域的国际语言治理进程对接，深化以“民心相通”为导向的中外语言文字国际交流合作。[④]

二、中国参与全球语言治理面临的挑战

在经济全球化进程与互联网浪潮的推动下，针对全球性问题的区域国别研究日益成为全球治理的重要组成部分。[⑤] 人口流动与信息交互加深了不同治理主体之间的语言混杂程度，语言和非语言因素的交互带来了更为复杂和多元的语言文化问题。全球语言治理作为全球治理的重要维度之一，是中国推进国家治理体系与治理能力现代化的重要内容，也

① 赵裴、姜锋：《区域国别学的内核与学科边界》，《上海交通大学学报（哲学社会科学版）》2023 年第 3 期。

② 王宇康：《深化区域国别学的“语言学转向”》，《中国社会科学报》2023 年 1 月 17 日，第 3 版。

③ Emil L. Jordan, “‘Foreign Area Studies’ in the German College Curriculum,” *The Modern Language Journal* 28, no. 2 (1944): 151-154.

④ 《（受权发布）坚定不移推进共建“一带一路”高质量发展走深走实的愿景与行动——共建“一带一路”未来十年发展展望》，中国一带一路网，https://www.yidaiyilu.gov.cn/p/0F1IITOI.html，访问日期：2023 年 12 月 6 日。

⑤ 赵可金：《国别区域研究的内涵、争论与趋势》，《俄罗斯研究》2021 年第 3 期。

是当前国际形势下语言国情及区域研究亟待拓展的重要领域之一。[①] 中国参与全球语言治理是一个多维度、多学科、多主体的过程，从区域国别学的视角看，这一治理过程主要还面临如下挑战。

1. 国别视角：中国区域国别学研究的语言能力有待提升

语言能力是区域国别学获取任何动态知识、减少信息误差的先决条件。区域国别学需要注重研究对象的内部差异及长期发展，研究者在不具备相关语言能力的情况下，难以真正了解研究对象。[②] 同一国别或区域内具有多个语言族群，在精英阶层与普通民众、官方政策与具体实践之间，也有可能出现语言使用差异。例如，英国殖民时期的苏丹南北部出现了语言分离，穆斯林北部以阿拉伯语为官方标准语，基督教南部则以英语为通用语，[③] 这样的地区差异就要求研究人员具备英阿双语能力。另外，掌握对象国语言意味着研究人员无须借助中介语言便可获取第一手资料，能减少信息误差。以剑桥大学亚洲和中东研究学院（Faculty of Asian and Middle Eastern Studies）为例，其中国研究体现出注重语言的鲜明研究特色。如表1所示，在学院网站公布的24个近期研究项目[④] 中，涉及汉语言文学的项目有12个，可见其中国研究的重心依然在语言方面。此外，依据学院网站所示的学术成果，可筛选出中国研究相关学术期刊论文45篇。[⑤] 对以上论文的标题进行词频分析，显示词频超过3次的词汇并删去虚词后，可得到相应的词频结果。如表2所示，除Chinese和China这两个带有明显国别研究特色的词语之外，acquisition，evidence，transfer，speakers这些词汇显示出语言研究也是中国研究学术成果产出较为丰富的领域。

---

① 沈骑：《全球语言治理研究的范式变迁与基本任务》，《语言文字应用》2021年第3期。

② Tsu Jing, “New Area Studies and Languages on the Move,” *PMLA* 126, no. 3 (2011): 693-700.

③ Ashraf Abdelhay, Busi Makoni and Sinfree Makoni, “The Colonial Linguistics of Governance in Sudan: The Rejaf Language Conference, 1928,” *Journal of African Cultural Studies* 28, no. 3 (2016): 343-358.

④ Faculty of Asian and Middle Eastern Studies, “About Us,” accessed February 1, 2023, https://www.ames.cam.ac.uk/about-us.

⑤ Faculty of Asian and Middle Eastern Studies, “Publications by Faculty Staff,” accessed January 18, 2023, https://www.ames.cam.ac.uk/research/publications.

表 1　剑桥大学亚洲和中东研究学院中国研究项目情况（截至 2022 年 12 月）

研究领域	项目个数
汉语言文学	12
社会人类学	9
历史	8
当代文化	7
语言学	5
手稿研究	4
文学	2

资料来源：作者根据剑桥大学亚洲和中东研究学院网站资料整理。

注：同一个研究项目会出现交叉学科的情况，故在该领域内也依次计算。

表 2　剑桥大学中国研究学术论文标题词频分析

词频	词汇
21	chinese
9	acquisition
8	evidence
7	transfer / china / english
6	speakers
5	what
4	grammars / poetry
3	language / complexity / madarin / networks / second / production / sentence / popular / questions / discourse

资料来源：作者根据剑桥大学亚洲和中东研究学院网站资料整理。

语言工具与研究成果的客观性密切相关。目前，文献研究依然是区域国别学的主流研究方法之一。① 语言工具单一化成为国内区域国别学

① 李志东：《外语学科国别与区域研究：发展与挑战》，《外语学刊》2021 年第 1 期。

研究人员面临的主要挑战。首先，非外语学科的科研人员习惯以中文或英语作为研究工具，忽视了信息源语言作为工具语言和交际语言的重要价值。[①] 缺乏第一手资料或依靠机器翻译进行的研究难以做到设身处地地站在对象国、对象区域甚至全球视野看待问题。其次，英语在国际学术研究中“一语独大”，其作为研究中介语的主导地位在短期内难以撼动。而“一带一路”共建国家多为发展中国家和非英语国家，既有的相关研究大多为英文文献，研究人员的语言意识形态会倾向于认同英语的世界通用语地位，在研究过程中也容易受到单一视角和西方中心主义的干扰。[②] 最后，目前国内的区域国别学成果大多重视西方大国，面向“一带一路”共建国家的研究较为不足。

2. 区域视角：中国跨境语言治理的共性问题亟待关注

语言之间的界限依据社会政治因素，而非纯粹的语言因素来划分。[③] 跨境语言治理是研究跨国族群语言生活的跨国议题，可在语言与非语言因素的双重作用下重塑区域格局。[④]“一带一路”共建国家作为人为建构的跨国区域，民族众多，人口分布不均，语言生活情况复杂，语言治理难以自下而上地开展。跨境语言治理涉及人烟稀少的地区时，治理重点在于打破阻碍信息流通、文化互通的边界；涉及人口密集地区时，治理难点则转向“去边界化”的跨境语言问题。[⑤]

第一，以官方语言为主的语言服务忽视了跨境群体的语言需求。跨

---

① 赵蓉晖、冯健高：《区域国别研究视角下的语言能力：地位与内涵》，《外语界》2020 年第 3 期；陈杰、骆雪娟：《作为交叉学科的区域国别学学科构建：反思与建议》，《外语学刊》2022 年第 4 期。

② 钟智翔、王戎：《论外语学科的国别与区域研究方向及其人才培养》，《国别和区域研究》2020 年第 4 期。

③ Jean-Jacques Weber and Kristine Horner, *Introducing Multilingualism: A Social Approach* (London: Routledge, 2012), p. 29.

④ 赵可金：《国别区域研究的内涵、争论与趋势》，《俄罗斯研究》2021 年第 3 期；李宝贵、刘家宁：《区域国别中文国际传播研究：内涵、进展与优化策略》，《语言文字应用》2022 年第 1 期。

⑤ 赵萱、许智元：《理解当代：2020 年海外民族志述略》，《中国图书评论》2021 年第 1 期；李开、贾付强：《全球在地化下的语言治理：中国—东盟命运共同体建设路径探析》，《广西社会科学》2023 年第 2 期。

境语言种类繁多、分布广泛，根据语言的不同系属，中国的跨境语言可分为跨境少数民族语言和跨境汉语方言，其中前者占绝大多数，且与部分“一带一路”共建国家的语言圈存在交集。① 大部分跨境语言的使用者都居住在相对贫穷且封闭的边疆地带，地理与语言隔阂使其与外界存在较大信息差。② 例如当重大突发公共事件发生时，跨境语言应急服务的缺乏无法及时保障老年群体和有沟通障碍人士的个人安全。

第二，跨境语言使用者的语言认同与国家认同存在分歧。语言认同在范畴上是族群认同的一种属性，③ 国家认同作为上位概念，是多民族国家的集体认同。④ 由于跨境人员流动频繁，语言使用范围与国家领土边界并不重合，跨境语言治理往往涉及复杂且敏感的民族和国际关系问题，⑤ 使得跨境语言使用者的民族文化认同与法律身份的国家政治认同难以保持一致。同时，边疆人群容易受到境外同一民族语言媒介的干扰和渗透，⑥ 严重影响边境地区的和谐多语生活、社会包容性发展。

第三，同一跨境语言使用者内部存在“语言即融入”与“语言即身份”的矛盾。“语言即融入”体现于多语者在归属身份（ascriptive identity）与居住身份（inhabitable identity）⑦ 不一致时，通常依靠学习和使用居住地语言融入当地。“语言即身份”认为语言选择代表身份认同，使用某一语言是多语者归属特定群体 ⑧ 认同当地文化的体现。⑨ 由于“语言即

① 阎莉、文旭：《基于语言命运共同体建设的跨境语言规划：框架与意义》，《山东外语教学》2022 年第 1 期。

② 张四红、刘一凡：《中国与周边“一带一路”沿线国家的跨境语言类型及治理》，《云南师范大学学报（哲学社会科学版）》2021 年第 3 期。

③ 黄行：《论中国民族语言认同》，《语言战略研究》2016 年第 1 期。

④ 刘永厚：《我国语言学课程的认同育人路径探索——以社会语言学为例》，《中国外语》2023 年第 1 期。

⑤ 何山华：《国际跨境语言管理：现状与趋势》，《语言战略研究》2018 年第 4 期。

⑥ 李旭练：《跨境语言与国家安全》，《语言战略研究》2018 年第 4 期。

⑦ Jan Blommaert, *Discourse: A Critical Introduction* (Cambridge: Cambridge University Press, 2005), pp. 251-253.

⑧ Suzanne Romaine, *Language in Society: An Introduction to Sociolinguistics* (Oxford: Oxford University Press, 2005).

⑨ Sung Chit Cheung Matthew, “Mainland Chinese Students' Multilingual Experiences during Cross-border Studies in a Hong Kong University: From a Language Ideological Perspective,” *Journal of Multilingual and Multicultural Development* 43, no. 8 (2020): 715-730.

身份”将语言认同与特定族群挂钩，没有口音的地道语音语调会被视为正宗且真实的族群身份象征。[①] 因此，尽管使用同一语言，母语者会对非母语者产生排他性，二者难以真正融合、互相认同。

3. 全球视角：中国国际话语建构的语言效度有待优化

第一，数字时代中国的国际话语形象难以客观呈现。全球数字化浪潮下的信息流动日益频繁，社会文化日趋混杂，[②] 信息冗余、虚假传播和认知壁垒阻碍国际社会对华产生客观认知。不同政治行为体基于数字时代的客观情势，抓取国内受众心理，以此设计自身话语形象，利用话语导向塑造利己语境，辅助地缘政治竞争。如西方精英倾向于使用一个经由公共机构负责人斡旋调和后的公共领域，以确保网络信息和观点能“负责任地”传播，[③] 以此塑造利己的政治舆论环境，针对竞争对手进行国别歧视和话语歪曲。由此，有外国政府和精英群体将语言作为工具或幌子，自上而下地引导国内对华舆论。

第二，中国在国际组织中的话语影响力仍有较大提升空间。语言的政治作用可明显见于权力分配。基于国际组织的各项活动是各国塑造国际形象、阐述国际立场、获取国际认可的一大途径，国际活动的东道国可以通过制定利己议程赢取更多的国际规则制定权和话语权，[④] 成员国也会借助国际组织进行语言权力博弈，提高本国语言在特定国际组织中的使用频率、实用价值和传播能力，进而影响国际组织的语言价值取向，出台有利于本国语言地位提升的语言政策，以此寻求更高的国际地位和更强的话语影响力。有研究显示，中文在政府间国际组织的影响力已经随着中国综合国力与国际地位的上升而有所提升，但其在非政府国际组

---

① Kathryn A. Woolard, “Language and Identity Choice in Catalonia: The Interplay of Contrasting Ideologies of Linguistic Authority,” accessed January 18, 2023, https://escholarship.org/uc/item/47n938cp.

② 沈骑：《全球治理视域下的中国语言安全规划》，《语言文字应用》2020 年第 2 期。

③ Jacob Mchangama, “The War on Free Speech: Censorship's Global Rise,” *Foreign Affairs* 101, no. 2 (2022): 117-130.

④ Huang Yu, An Ning and Ge Yuejing, “Reading China's Self-definition of International Politics from Intergovernmental Conferences,” *Geographical Review* 111, no. 1 (2021): 57-75.

织的使用率却不及前者。[①] 总体来看，国际组织"西攻中守"的国际话语权基本格局尚未改变。[②]

第三，中国在世界范围内构筑的话语的有效性尚存不足。首先，除了各国政府之间显而易见的国际话语竞争，驻外主体在执行政府任务和承担国家义务时，是否能预见语言文化冲突、重视日常沟通，这些都会影响国家的海外利益和形象构建。目前，中国特色的对外政治话语体系面临曲解。其次，中国的国际学术话语影响力有限，部分学术创新理念仅仅局限于中文语境，要真正被国际学界接受、推广并运用，还需要更长的时间。最后，作为软性手段的国际中文教育推广受限。在很多国家，当地政府的对华态度、语言保护主义的程度、教育系统和就业市场对中文的需求等，都会直接影响中文在当地的使用频率。

三、服务于"一带一路"建设的语言治理路径探析

区域国别学和全球语言治理深受国家语言战略思想、社会意识形态及对外发展需求的影响。[③] 在共建"一带一路"倡议和人类命运共同体理念的指引下，中国的区域国别学并非服务于全球霸权竞争和地缘势力博弈，而是致力于推动中外文明交流互鉴、构建新型国际关系，其落脚点在于保护海外利益，服务本国参与并引领全球治理体系的改革和建设。[④]

1. 提升区域国别研究的语言能力

第一，发挥外语院校特色，培养"语言+区域国别学"复合型人才。高等教育系统是区域国别学与语言治理交叉研究的前沿阵地，语言教育正是区域国别学研究成果初生产与再生产的机制。从协助国家语言治理

---

① 张慧玉、安雨晨：《语言价值、权力结构与国际组织的语言选择》，《浙江大学学报（人文社会科学版）》2021 年第 4 期。

② Li Weijian, "International Competition for Discourse Power in the Middle East Upheaval and Implications for China," *Journal of Middle Eastern and Islamic Studies (in Asia)* 7, no. 2 (2013): 75–95.

③ 蔡永良：《关于我国语言战略问题的几点思考》，《外语界》2011 年第 1 期。

④ 李晨阳：《关于新时代中国特色国别与区域研究范式的思考》，《世界经济与政治》2019 年第 10 期。

能力建设的角度出发，语言教育中具体语种的选择是区域国别学融合国家战略需要的体现。另外，复合人才培养的区域国别学转向不应仅限于学生，还应将有意从事区域国别学建设的教职工群体纳入培养范围，鼓励中外跨学科互动式研究，提升中国学术话语权。①

第二，明晰区域国别学下的国际中文教育理念。以区域或国别为推广单位的国际中文教育服务于全球多样化的中文需求，应关注不同国家和地区中文推广的特性和共性问题，系统把握中文传播态势，提炼相应发展对策，助力各国开展区域国别合作。② 同时，要进一步加强全球中文学习联盟的国际推广，重视当地文化及舆情对中文推广的影响，借鉴国外中文研究的学术建树和经验，③ 重视中文在国际组织和国际学界的运用。

第三，调整并完善国内的外语教育结构，优化语言能力测试评估模式。通用语种和非通用语种的专业开设数量应随着市场经济的需要和国家战略导向预先作出调整，并改革传统教学法，推广专门用途教学，对接潜在或已出现的语言人才缺口，避免出现人才过剩或人才紧缺现象。

2. 促进跨境语言合作的相互认知

第一，深入开展并积极跟进中国周边跨境语言的田野调查。④ 不仅要明晰跨境语言保护对于世界语言资源的重要性，也要重视语言资源之于国家语言能力建设的战略性作用。应重点关注以区域为基础单位的民族语言活跃度，依托各类语言工具开展语言保护、语言教育及文化传播。

第二，注重语言教育中的文化认同培养。认同主要遵循从“小我”到“大我”的阶段性，其自下而上的层级性又依次体现于方言母语认

① 陈杰、骆雪娟：《作为交叉学科的区域国别学学科构建：反思与建议》，《外语学刊》2022年第4期。

② 李宝贵、刘家宁：《区域国别中文国际传播研究：内涵、进展与优化策略》，《语言文字应用》2022年第1期。

③ 张瀚墨：《早期中国研究中的方法与材料之争》，《中国社会科学评价》2022年第3期。

④ 张四红、刘一凡：《中国与周边“一带一路”沿线国家的跨境语言类型及治理》，《云南师范大学学报（哲学社会科学版）》2021年第3期。

同、民族认同、国家认同和人类命运共同体认同。文化认同在一定程度上可以提升个体归属感和情感认同，避免个体产生认知错位和自我认同危机。① 因此，应强化各语言治理主体的认同意识，以语言文化的力量对内稳固中华民族共同体，对外协同建立"一带一路"语言文化共同体。②

第三，完善跨境语言应急服务体系。应及时关注少数群体、偏远地区人群及弱势群体的语言需求变化，提供更完备的语言服务，协调跨境语言治理，共同致力于国内外发展。特别是在突发事件发生时，要及时帮助被服务群体获取信息、开展无障碍沟通，提高其社会参与度。

第四，打击基于跨境语言进行的跨境犯罪行为。针对利用线上社交平台进行的电信诈骗、人口拐卖等跨境犯罪行为，应加强与相关国家的合作，研究并破解涉及跨境犯罪的犯罪隐语，更好地维护地区安全与稳定。③

3. 加强中国国际话语的数字化建设

第一，以语言数据为基础，促进国家语言能力智能化。可打造以中文为"轴心语言"的"万国语言"数据库，④ 将其作为连接各级语言文字工作机构的联通机制，为中国区域国别学提供技术支撑与保障。可基于影响中国国际话语权的数据来源，针对海外利益语言数据安全，⑤ 及时开展话语实情跟踪监测、对华舆情风险预警和国际话语冲突预设等语言安全工作，辅助政府、跨国公司、跨国组织、个人等多语言治理主体开展双向治理、协同合作，及时跟进并改善国际话语建构格局。

第二，打造全球语言议题数字研讨平台。应依托国际组织及国际专题会议，精选全球语言共性议题，搭建语言议题数字平台，积极参与国

① 刘永厚：《我国语言学课程的认同育人路径探索——以社会语言学为例》，《中国外语》2023 年第 1 期。

② 张耀军：《"一带一路"语言安全面临的现实挑战及治理路径》，《人民论坛 · 学术前沿》2023 年第 7 期。

③ 崔蒙：《电信诈骗犯罪隐语分析》，《北京警察学院学报》2021 年第 3 期。

④ 王春辉：《语言治理的理论与实践》，中国社会科学出版社，2021，第 3—4 页。

⑤ 王春辉：《语言数据安全论》，《语言战略研究》2022 年第 4 期。

际语言机制建设。可借助数字设备和数字资源，依靠这类数字研讨平台建立议题互动社群，增强互动协作效果，及时跟进讨论和答疑进度，并对有针对性的、多样化的思考和方案进行阶段性总结。在议题的选择倾向上，为获得最广泛的共识，应选择具有包容性、建设性的国际前沿热点作为主要议题，同时注意其情境话语表述，避免引发争议。①

第三，利用数字媒介促进中外语言文化共鸣，深化“一带一路”共建国家民众的中国印象。语言有“通事”和“通心”之别，前者重在沟通，后者重在情感共鸣。②全球语言治理下的中国话语形象也应更加侧重于人文情怀。政府应利用数字媒介及其平台用户的促进作用，与民间携手挖掘兼具民族特色和世界共性的语言文化，以“暖实力”话语和“数字共情”的方式，促进中华优秀传统文化的有效传播，构筑海内外群体的共有情感认同。同时，可在语言文化内容的后期数字传播中标注“共建‘一带一路’倡议”等字样，帮助海外平台用户对中国议题产生客观认识，③赋能国际受众“通心”语境，④双向式互助构建中国海外形象。

四、结语

中国参与全球语言治理仍需解决的问题与期待实现的目标取决于国家、区域和全球范围内传统及新兴语言治理主体的协同合作。⑤共建“一带一路”倡议正是中国参与全球语言治理的成功范例。由于全球语言治理涵盖面广，且语言学科可以和多个其他学科展开交叉研究，可衍

① 张日培、刘思静：《“一带一路”语言规划与全球语言生活治理》，《新疆师范大学学报（哲学社会科学版）》2017 年第 6 期。

② 李宇明：《语言在全球治理中的重要作用》，《外语界》2018 年第 5 期。

③ 杨光影：《“国潮快闪”在海外：一种国际传播的“艺术地理”范式》，《艺术传播研究》2023 年第 4 期。

④ 沈悦、金圣钧：《从软实力到“暖实力”：中国国际传播理念创新的话语、维度与愿景》，《东岳论丛》2023 年第 2 期。

⑤ Agnes S. L. Lam, “The Multi-Agent Model of Language Choice: National Planning and Individual Volition in China,” *Cambridge Journal of Education* 37, no. 1 (2007): 67-87.

生的语言治理议题较多，涉及主体较为复杂，该领域研究仍大有可为。相信在继续坚持问题导向的前提下，中国参与全球语言治理的相关研究将继续为中国区域国别学下的外语学科建设、人才培养提供进一步的理论支持，更好地服务于共建“一带一路”倡议。

第五部分

安全思考篇

2022/2023

Annual Report on Cultural Diplomacy of China's Belt and Road Initiative in 2022/2023

江训斌　代建琛 *

美日印澳“四边机制”对共建“一带一路”的影响及中国应对策略研究

〔**摘　要**〕美日印澳“四边机制”是特朗普任内“印太战略”的重要实施路径。拜登上任后，将“四边机制”上升至首脑级别，并邀请法德英等国加入，“印太”地区正在形成一个美西方主导的区域治理体系。针对共建“一带一路”倡议及相关基础设施、产能等合作活动，四国提出一系列替代方案，给“一带一路”建设的顺利推进带来了一定的不确定性。但受内外因素影响，其真正实现机制化尚需时日，特别是机制内部存在较大认知差异，很难同向发力抗衡中国。对此，中国要努力保持自身经济社会平稳发展，避免经济和军事上的直接对抗，提升前沿科技创新水平，并加强同东盟等地区力量合作，在“四边机制”的地缘压力下寻求突围式合作共赢。

〔**关键词**〕美日印澳；“四边机制”；“印太战略”；“一带一路”

* 江训斌，北京第二外国语学院中国“一带一路”研究院助理研究员。代建琛，北京第二外国语学院中国“一带一路”研究院助理研究员。本文系北京第二外国语学院研究生科研项目《联盟理论视角下美日印澳四边机制对共建“一带一路”的挑战及应对研究》阶段性成果。

一、“四边机制”的创立及发展

美日印澳“四方安全对话”（QUAD）从提出到实现首脑级会晤历经17年之久，可谓一波三折。从最初的赈灾合作到近年来的“印太战略”，“四边机制”的目的发生了彻底改变，这主要源于美国在对外政策上的重大调整。特朗普在任内将中国定义为“战略竞争对手”，美日印澳“四边机制”作为服务“印太战略”的重要一环得以重启与深化。拜登执政后将中国定义为“最严峻战略竞争对手”，对华认知更趋于负面，[①] 并推动“四边机制”上升至首脑级别，其遏制中国的意图也愈加明显。

1. “四边机制”的创立

美日印澳“四边机制”的原型是四国为应对2004年印度洋海啸而组成的“海啸核心小组”（Tsunami Core Group）。作为一种应对自然灾害的快速反应机制，“海啸核心小组”使得四国能够迅速实现相互援助。[②] 虽然小组随着救灾行动的结束而解散，但这一机制的建立为解决区域问题提供了一个新的路径。

2006年，安倍内阁提出“自由与繁荣之弧”，赋予欧亚大陆外缘及印度洋周边国家以重要的战略意义。2007年，安倍晋三发表了题为《两洋交汇》的演讲，声称“通过日本与印度的联合，‘扩大的亚洲’将美国和澳大利亚包括其中，便可发展成为一个覆盖太平洋的宽广网络”。[③] 其实质性推动“四边机制”在横跨“印太”的地缘板块加强合作的意图十分明

① 倪峰：《运用总体国家安全观指导对美博弈》，《现代国际关系》2021年第7期。

② Patrick Gerard Buchan and Benjamin Rimland, “Defining the Diamond: The Past, Present, and Future of the Quadrilateral Security Dialogue,” accessed June 20, 2022, https://csis-website-prod. s3. amazonaws. com/s3fs-public/publication/200312_ BuchanRimland_ QuadReport_v2% 5B6% 5D. pdf? fuRA6mwjWYKqROtSmJD4u5ct. vijdkZv1.

③ “Confluence of the Two Seas, Speech by H. E. Mr. Shinzo Abe, Prime Minister of Japan at the Parliament of the Republic of India,” accessed May 1, 2022, https://www. mofa. go. jp/region/asia-paci/pmv0708/speech-2. html.

显。① 同年，在安倍晋三的竭力推动下，美日印澳进行了海上联合军事演习，以军事合作为先导，“四边机制”已然成形。然而由于安倍晋三的突然下台，加之美国对此战略持谨慎态度，印度方面犹豫不决，时任澳大利亚总理陆克文因有所顾忌而退出联合军演，美日印澳“四边机制”就此搁浅并陷入了长期沉寂之中。

2. “四边机制”的发展

2017 年，美国发布《印太战略报告》，作为该战略的代表性对话机制，“四方安全对话”得以重启。11 月，在马尼拉举行的第 31 届东盟峰会上，来自四国的代表探讨了朝鲜半岛无核化、支持“自由与开放的印太”概念等一系列议题，就“基于规则的印太体系”达成一致。“四方安全对话”开始更多地聚焦于实质性议题，呈现出与最初版本不同的鲜明特点。

第一，对话级别不断上升。2017 年 11 月，美日印澳“四方安全对话”在菲律宾马尼拉重启，会议级别为司局级。议题聚焦于亚洲规则秩序、航行自由、尊重国际法、加强联通性、海上安全、核不扩散以及恐怖主义等七个主题，但在会议结束后，四国并未发布任何正式的联合声明，只是由各国政府在各自官网上刊登了一些会议的消息。2019 年 9 月，四国在纽约举行了第一次部长级会议，对话级别上升。2021 年 2 月，第三次部长级会议举行。3 月，美日印澳四国首脑共同出席“四方安全对话”线上会议。9 月，四国首脑于华盛顿举行首次线下峰会。从重启对话到首脑会晤，美日印澳四国只用了不到四年的时间。

第二，对话重点由双边、三边走向四边集团合作。从双边角度来看，美日、美澳是最稳固、最深厚的两组关系，日印、澳印的合作则起步较晚，但发展潜力大、势头足。② 从三边角度来看，印度与澳大利亚两国分别围绕美日进行了合作。通过双边和三边培育出的“合作的习惯”为

---

① 吴怀中：《安倍政府印太战略及中国的应对》，《现代国际关系》2018 年第 1 期。

② 李莉：《印度东进战略与印太外交》，《现代国际关系》2018 年第 1 期；楼春豪：《“亚非增长走廊”倡议：内涵、动因与前景》，《国际问题研究》2018 年第 1 期。

“四边对话”的重启提供了便利。[①] 2017 年以来，随着“四方安全对话”的重启，四国合作的基本目标与主要内容逐渐明晰，经济领域内的基础设施建设以及安全领域内的军事演习成为合作的重点。2021 年 3 月举行的四国首脑视频会晤则将四边合作推向了高潮。

第三，呈现出“四国+”的鲜明特征。2020 年 3 月，在美国的提议下，越南、新西兰、巴西等国应邀参与“四方安全对话”，构成两组“QUAD+”并举行副外长级别电话会议。虽然韩国的表态非常谨慎，越南也未给出肯定答复，但“四边机制”执意扩容的意图十分明显。欧盟作为美国最得力的盟友，在美国的诱惑和施压之下加大了对“印太”的渗透力度。法国军舰于 2021 年 2 月离开法国本土，前往“印太”地区执行为期 5 个月的海外部署任务，并以检验法国海军远距离作战部署能力为由，加强了与“印太”地区盟友的协作。[②] 英国派遣“伊丽莎白女王”号航空母舰远赴“印太”，彰显存在感。德国确立名为“印度太平洋指导方针”的外交政策，加强与“印太”国家的合作。英法德舰队在太平洋的部署无疑给美国主导的“四边机制”打了一针“强心剂”。2021 年 6 月，七国集团（G7）宣布启动“重建更好世界”计划（Build Back Better World，B3W），宣称将通过建立“价值驱动、高标准、透明”的伙伴关系，满足发展中国家总价值超过 40 万亿美元的基建需求，其对冲共建“一带一路”倡议的意味明显。

二、“四边机制”合作的动因

自 2017 年重启以来，“四方安全对话”多次召开司局级和部长级层面会议，主题覆盖领域虽广，但四边层面的合作一直处于缺口状态，合作深度不足。2021 年 3 月举行的线上首脑会晤决定成立疫苗专家、新兴

① 张洁：《美日印澳“四边对话”与亚太地区秩序的重构》，《国际问题研究》2018 年第 5 期。

② Xavier Vavasseur, “French Amphibious Ready Group Set Sails for the Indo-Pacific,” accessed May 1, 2023, https://www.navalnews.com/naval-news/2021/02/french-amphibious-ready-group-set-sails-for-the-indo-pacific/.

与关键科技和气候治理3个工作组，[①] 9月举行的线下会晤宣布将在抗疫、基建、气候变化、教育、科技、网络以及太空等领域开展合作。可以看到，“四边机制”的合作方向更加明确，内容更加具体，分工更为细化。

疫苗合作方面，印度在美日澳三国技术、资金、运输全方位的支持下，产能大幅提高，被期望成为四国联手抗衡中国疫苗的前沿阵地。美国通过金融发展公司（DFC）对印度仿制药企业Biological E提供支持，包括1亿美元的资金，用于区域免疫工作。日本通过国际协力机构（JICA）为印度政府生产新冠疫苗出口提供贷款，并给予4100万美元的财政补贴。澳大利亚将在现有的4.07亿美元资金支持的基础上，增加7700万美元用来解决东南亚疫苗运输“最后一公里”问题，实现对太平洋9个岛国及东帝汶的疫苗全覆盖，并加强对东南亚疫苗运输以及卫生体系的建设。概括来说，美国拥有疫苗专利和技术，印度拥有大规模生产能力，日本提供雄厚资金，澳大利亚则可以在提供资金的基础上解决疫苗运输问题，一条完整的疫苗生产供应链清晰呈现。新冠疫情发生以来，印度利用国际格局深刻变革的契机，最大限度地转危为机、借势而为，推进自身对外战略。[②] 此次美日印澳的合作，更是为印度政府竭力打造的“世界药店”形象提供了绝佳的宣传机会与实践平台。

新兴和关键技术方面，“四边机制”的指向非常明确，就是联手针对中国近年来快速发展的5G等数字技术，联手建立稀土采购链，以摆脱对中国的依赖。美国建立技术联盟的动力和基础，首先在于美国和“四边机制”的其他成员都有保护关键技术发展与合作研究的历史传统，这一传统最早可以追溯到二战时期英国和加拿大对美国“曼哈顿计划”的支持。同时，当前中国在人工智能、量子计算等先进技术和产业战略方面发展迅猛，令美国及其盟友不安。美国担心中国企业或将削弱美国公司的实力，迫使它们退出市场，从而动摇美国国防创新的根基。另外，

① The White House, “Fact Sheet: Quad Summit,” accessed May 1, 2023, https://www.whitehouse.gov/briefing-room/statements-releases/2021/03/12/fact-sheet-quad-summit/.

② 楼春豪：《新冠肺炎疫情与印度对外战略新态势》，《外交评论》2020年第5期。

在美日印澳四国看来，当下半导体短缺问题以及中国可能限制战略性矿产资源出口等情况，都要求它们建立一个安全及有弹性的供应链。最后，美日印澳四国一致认为，新兴技术的发展及标准和规则的制定应符合民主价值。[①] 美国对外关系协会认为，一旦中国技术在相关国家，尤其是“一带一路”共建国家中得到使用，那么其未来转型升级成为新科技的任务就不太可能由非中国公司承担，当地运营商将花费更多成本，并对中国的科技产生依赖性。例如华为签订的 5G 合约数量已经超越了任何一家通信公司，其中几乎一半是在欧洲，华为还在非洲建有 70%的 4G 网络，并且是非洲唯一的 5G 签约对象。[②] 在稀土供应方面，中国产量占世界的 60%，占据绝对优势。而稀土是制造手机、汽车、飞机、导弹、雷达等不可缺少的原料，因此美日印澳四国认为，联手建立稀土供应链可能打破中国在全球稀土产量中的垄断地位。

气候治理方面，“四边机制”针对中国的意味虽然没有前两个领域明显，但仍需警惕四国在气候问题上的技术合作以及气候融资方面的扩张。2021 年 4 月，拜登政府主办了线上领导人气候峰会。美方邀请了包括中国、俄罗斯在内的 38 个国家的领导人以及欧盟委员会主席和欧洲理事会主席，展现了积极应对气候变化的姿态。近年来，气候变化逐渐演变成全球公共问题，气候变化议题的重要性上升至国家战略和国际安全高度，并与科学、经济、社会等要素互动，演化为带有复杂系统特征的全球气候政治。[③] 近年来不断有西方媒体炒作中国在“一带一路”共建国家投资了大量发电厂项目，大部分项目都使用煤炭作为燃料，加剧了全球变暖。[④] 四国就气候问题进行技术合作以及制定相关规则和标准政策，有着束缚“一带一路”基础设施建设发展、提高相关项目的环境标准以使中国的

① CSIS, “Allied Technology Cooperation: Opportunities and Challenges,” accessed May 1, 2023, https://www.csis.org/analysis/allied-technology-cooperation-opportunities-and-challenges.

② David Sacks, “China's Huawei Is Winning the 5G Race. Here's What the United States Should Do to Respond,” accessed May 22, 2023, https://www.cfr.org/blog/china-huawei-5g.

③ 赵斌：《全球气候治理的复杂困局》，《现代国际关系》2021 年第 4 期。

④ Kelly Sims Gallagher, Rishikesh Bhandary, Easwaran Narassimhan, and Quy Tam Nguyen, “Banking on Coal? Drivers of Demand for Chinese Overseas Investments in Coal in Bangladesh, India, Indonesia and Vietnam,” *Energy Research and Social Science* 71, no. 3 (2021): 101827.

一些项目难以落地的政治目的。此外，由于中国缺乏气候金融产品创新，气候债券、气候基金、气候保险等刚刚起步。[①] 在此情况下，中国更应积极参与制定国际气候融资体系的运营规则和技术标准，避免发达国家及代表其利益的国际组织制定的标准片面地发展为国际规则。[②]

三、“四边机制”合作的局限性

“利益平衡论”的提出者施韦勒认为，“国家的结盟行为由其国家利益而非权力或者面临的威胁决定”，“修正主义国家为了其利益选择与强者结盟”，“追随行为比制衡行为更为普遍”。[③] 对自身利益的界定不同，国家的联盟行为也有所差别。一方面，从实力上来看，美国是世界第一强国，日本经济实力位居世界前列，印度是亚洲范围内除中国外最大的新兴经济体，澳大利亚属于中等强国。但是，对于美国的“印太战略”，四国尚未形成“统一战线”，尤其是印度，其成为美国同盟国的可能性不大。在实际的合作过程中，美日印澳四国都有自己的利益侧重点，内部认知差异不可避免。另一方面，中国在全球的总体经济实力日益接近美国，中美两极格局是未来的趋势。[④] 日本、澳大利亚同中国的经济联系密不可分，同中国对抗大概率会导致经济的下滑，因此这两国在进行决策时不会采取完全“一边倒”的策略。基于此，美日印澳“四边机制”形成的攻势将很难保持可持续性，其长期前景并不乐观。[⑤]

1. 四国内部存在认知差异

日本是“四边机制”的发起者和主要推动者。在 2007 年美日印澳

① 俞岚：《绿色金融发展与创新研究》，《经济问题》2016 年第 1 期。

② 刘倩、王琼、王遥：《〈巴黎协定〉时代的气候融资：全球进展、治理挑战与中国对策》，《中国人口·资源与环境》2016 年第 12 期。

③ Randall L. Sehweller, “Bandwagoning for Profit: Bringing the Revisionist State Back In,” *International Security* 19, no. 1 (1994): 72-107.

④ 阎学通：《2019 年开启了世界两极格局》，《现代国际关系》2020 年第 1 期。

⑤ 刘鸣、陈永、束必铨：《“印太战略”：以美印日澳的战略逻辑、利益与策略选择为分析视角》，《东北亚论坛》2021 年第 2 期。

“四方安全对话”形成之际，日本便是前台操盘手。2006 年 12 月，时任印度总理辛格访日，双方建立了全球战略伙伴关系，并且认为要和亚太地区其他国家建立对话机制。[①] 随后，时任美国副总统理查德·切尼和澳大利亚总理约翰·温斯顿·霍华德讨论了这一事项，并于 2007 年 5 月在东盟地区论坛会议期间平行举行了第一次“四方安全对话”。随着安倍晋三的匆匆下台以及再次上台，沉寂许久的“四边机制”再次“复活”。2016 年安倍正式提出“自由开放的印太战略”，日本成为“印太战略”的核心推动力。“印太”概念的讨论和流行，恰逢美国奥巴马政府出台并推行“亚太再平衡”战略，[②] 也与特朗普将中国定义为“战略竞争对手”的背景相吻合。可以说，“四边机制”的提出像是日本为美国的对华战略进行的路演。日本屡次推动“四边机制”背后的真正动机是通过日美同盟对周边国家施压，进而实现日本在所处地区的利益最大化。但日本的“印太观”又有别于美国，一方面，日本希望美日同盟可以为日本带来利益的最大化，但另一方面，日本又担忧“印太战略”可能会招致中国的抵制和反对，使日中两国关系受损，这也是日本通过第三方市场合作参与共建“一带一路”的原因所在。

美国是“四边机制”的主导者。美国接受日本等国提出的“印太”概念，并积极建设“自由开放的印太”这一愿景，一方面是希望借此提升美国在地区的影响力，另一方面是为了减少美国在全球范围内付出的经济成本，[③] 这也是美国维护全球霸权的重要手段。与特朗普不同，拜登在执政后更加注重与盟友协调。[④] 美国认为，“四边机制”将能在更好地应对后疫情时代中国地位提升的同时，扩大四方共同利益，加强美国在“印太”地区的影响力。

印度是“四边机制”的摇摆者。与美国所持的“印太观”最大的不

① Ministry of External Affairs of India，“Joint Statement Towards India-Japan Strategic and Global Partnership，” accessed May 20，2023，https://mea. gov. in/bilateral-documents. htm? dtl/6368/Joint+Statement+Towards+IndiaJapan+Strategic+and+GlobaG+Partnership.

② 林民旺：《“印太”的建构与亚洲地缘政治的张力》，《外交评论》2018 年第 1 期。

③ 李俊男：《试析特朗普政府的“印太战略”》，硕士学位论文，吉林大学，2019，第 27 页。

④ 吴心伯：《拜登执政与中美战略竞争走向》，《国际问题研究》2021 年第 2 期。

同是，印度的“印太观”有意弱化其集团性和针对性。[①] 印度总理莫迪曾明确指出，“印度不把‘印太’地区看作一个战略或者一个由有限成员组成的俱乐部”，[②] 因为美日两国极力拉拢印度的目的是对抗中国，但中国同印度的关系并非零和关系，双方存在众多可以合作的领域。尽管在公共场合，印度多次努力向中国传递并非专门针对中国的信号，但印度的对外政策确实正在更加明确地转向与美国全方位的接触和合作。虽然印度目前并不具备与中国直接对抗的实力，但同美国等国的合作已经表明，印度对中国的戒备心正与日俱增。印度有意在美日印澳互动加强时因势而起，获得更多对华博弈筹码。[③]

澳大利亚是“四边机制”的积极追随者。澳大利亚将自身定位为中等强国，同经济实力强劲的日本、地理位置优越的印度相比，澳大利亚在美国“印太战略”中的地位相对受限。但澳大利亚积极融入“印太战略”，主要是出于两点考虑。一是基于美澳同盟的自然选择。澳大利亚在 2017 年发布的《外交白皮书》中声称，澳大利亚在美国主导的国际秩序下受益很大，“支持美国的全球领导地位高度契合澳大利亚的利益”。[④] 因此，积极参与“印太战略”是澳大利亚切实支持美国国际领导的自然结果。二是出于对中国崛起的担忧。2016—2018 年，中澳关系恶化，澳大利亚成为第一个公开禁止华为参与 5G 网络建设的国家。2020 年新冠疫情暴发后，澳方更是无端指责中国政府。作为反制，中国禁止从澳进口一系列商品并对部分商品加征关税，两国关系跌至低谷。2021 年 4 月，澳大利亚决定取消维多利亚州与中国签订的“一带一路”协议，同时宣布其正在评估是否将强制中国企业出售澳大利亚和美国军方共同使用的达尔文港的租赁权。不过澳大利亚同中国没有领土争端，对

① 纪志鹏：《“印太”视角下的印日关系》，硕士学位论文，战略支援部队信息工程大学，2019。

② Ministry of External Affairs of India, “Prime Minister’s Keynote Address at Shangri La Dialogue,” accessed May 20, 2023, https://www.mea.gov.in/Speeches-Statements.htm?dtl/29943/Prime+Ministers+Keynote+Address+at+Shangri+La+Dialogue+June+01+2018.

③ 叶海林：《中国应对美国再版“印太”概念的策略性思考》，《印度洋经济体研究》2019 年第 5 期。

④ Australian Government, “2017 Foreign Policy White Paper,” accessed May 20, 2023, https://www.dfat.gov.au/publications/minisite/2017-foreign-policy-white-paper.

中国的经济依存度也较高，在早年发布的国防白皮书中，澳大利亚甚至明确表示欢迎中国崛起，未将中国视为对手。种种迹象表明，澳大利亚对华政策具有两面性，在经济领域注重与中国的合作，在安全领域则注重依靠美国主导的国际秩序。

2. 四国外部疑虑重重

在俄罗斯看来，美国提出的“印太战略”将引发亚太地区的两极化趋势，制造紧张态势，动摇现有秩序。[①] 虽然“印太战略”的目标非常明确，直指中国，对俄罗斯的利益不构成直接影响，但中美两国在“印太”地区的利益交汇势必会对俄罗斯的对外政策产生重大间接影响。

从俄美关系来看，“印太战略”使得亚太地区稳定形势总体恶化，致使俄罗斯在欧亚大陆失去政策灵活性。[②] 在外交层面，拜登政府将延续遏制俄罗斯的战略路线，在经济、军事等领域展现压制势头，未来这一政策路线也不太可能发生大的改变，是变数较少的一组变量。有学者强调，俄美关系目前已不再是国际政治的主轴，两国在发展双边关系时将越来越多地考虑自己与中国的关系。[③] 在“印太战略”中选取什么站位、采取什么视角，是俄罗斯制定战略决策时的重大考量。一方面，中美在“印太”地区的博弈减轻了俄罗斯的战略压力；另一方面，美国遏制俄罗斯的本质从未改变，美国在“印太”地区的利益扩张无疑会对俄罗斯产生深远影响。从官方表态来看，俄罗斯对美国“印太战略”的“战略担忧”显然多过因焦点转移到中国而减少的“战略压力”。俄罗斯外长拉夫罗夫曾表示，西方国家制定了“印太战略”，是为了让印度参与到“反华”活动中来，这并不符合俄罗斯的利益。[④]

---

① 尚月：《俄罗斯战略视野中的美国“印太战略”》，《现代国际关系》2020 年第 10 期。

② 李秀蛟：《俄罗斯对美国“印太战略”的基本判断及可能应对》，《俄罗斯东欧中亚研究》2019 年第 2 期。

③ 柳丰华：《俄美关系的走向及其影响》，《国际问题研究》2021 年第 2 期。

④ Rezaul H Laskar, “West Has Policy to Engage India in ‘Anti-China Games’, says Russian Foreign Minister Lavrov,” *Hindustan Times*, December, 9, 2020, accessed May 20, 2023, https://www.hindustantimes.com/world-news/west-has-policy-to-engage-india-in-anti-chinc-games-says-russian-foreign-minister-lavrov/story-WbNfR30MEFMeBd3LDibekJ.html/.

从俄印关系来看，印度曾多次同俄罗斯进行沟通，意欲拉拢俄罗斯加入“印太战略”，认为俄罗斯的加入可以在缓和美俄关系的同时强化印俄关系，这一举动当然遭到了美俄双方的反对。俄印主要在军事领域保持合作，21 世纪以来，俄印两国在军事交往上彼此各有需求，① 印度需要军事技术以提高自身实力，而俄罗斯向印度提供军事技术既可以获取经济效益，又可以扩大其在南亚和印度洋的势力范围。因而俄印关系不似俄美关系，双方的合作弹性较大，印度方面也一直游走于美俄之间，在进口俄罗斯武器的同时采购美国的高端武器。但印度在美国“印太战略”中左右逢源的行为，可能会使俄罗斯感到与印度关系的进一步疏离，导致两国武器贸易合作减少，双方的战略利益将逐渐不再契合。②因此，印度必须考虑俄罗斯的战略感受，过度偏向美国可能会招致俄方的抵触甚至反制。

东盟认为，美日印澳四国出于跨区域经济联系以及地缘政治的需要，提出了各自的“印太战略”构想，但这样的构想与东盟自身所期待的“印太”秩序有所出入，有损东盟在现有地区架构中的中心地位。东盟与中国有着深厚的经济合作实践，凭借地缘优势，长期享受着中国崛起带来的正面效应。在多数东南亚国家看来，以“中国崛起”为代表的东亚权力转移是渐进的、合作性的和以经济发展为导向的，③ 客观上不会刺激或者强制性地要求一个国家在短期内对中国作出消极的、冲突性的反应，再加上中国市场的巨大潜力与投资热点地区对区域经济增长的强大推动力，中国崛起的过程是日本和区域内绝大多数国家都受益的过程。④

3. 四国同中国的经济联系难以分割

美国和中国是世界上前两大经济体，同时分别作为世界上最大的发

---

① 邱国庆：《21 世纪以来俄印关系研究》，硕士学位论文，黑龙江大学，2019，第 17 页。

② Anton Tsvetov, “What Does Trump’s Indo-Pacific Strategy Mean for Russia?” accessed May 20, 2023, https://thediplomat.com/2018/04/what-does-trumps-indo-pacific-strategy-mean-for-russia/.

③ 范斯聪：《美国印太战略的东南亚化及对东盟的影响》，《亚太安全与海洋研究》2020 年第 5 期。

④ 朱锋：《日本为什么对中国这么强硬》，《现代国际关系》2006 年第 4 期。

达国家和发展中国家，在经济上高度融合互补。在 2018 年国务院新闻办公室发布的《关于中美经贸摩擦的事实与中方立场》中，关于两国的经贸关系有这样的表述：“中美两国建交以来，双边经贸关系持续发展，利益交汇点不断增多，形成了紧密合作关系，不仅使两国共同获益，而且惠及全球。”①

中日两国在自然资源禀赋和生产要素禀赋上的差异使得两国在技术、资金、市场容量、劳动力成本等方面存在各自的比较优势，产业结构和贸易结构等方面存在一定的互补性。中国的崛起在未来日本经济发展过程中一定是重要的外部助力。② 同时，中国前往日本旅游的游客对日本的经济发展起到了重要的促进作用。日本还同中国在第三方市场合作方面达成了重要共识，有望进一步推动新时期的中日经济合作。③

中澳经贸合作稳步发展。在中国经济快速发展以及不断加大对外开放力度的背景下，双方贸易联系越来越紧密，贸易规模持续扩大。目前，中国已成为澳大利亚的主要投资来源国和最大贸易伙伴，并且取代美国成为澳大利亚最大的服务贸易出口市场。

中国是印度的第二大贸易伙伴。中国出口印度的智能手机在印度智能手机市场中的份额超过 50%。印度超过 30%的电力产能来自中国设备，其中超过 80%的太阳能设备来自中国。

四国同中国的经济联系足够深厚，规模足够庞大，但四国仍要联手遏制中国的发展，可见，国家之间关系的根本或基础在于安全关系，而非经济关系。美国将中国定义为“战略竞争对手”、印度的大国抱负、日本同中国难解的历史遗留问题，这些都为中国同四国的安全关系增添了变数，客观上促进了四国组建同盟，以进一步遏制中国发展。

---

① 《关于中美经贸摩擦的事实与中方立场》，中国政府网，https://www.gov.cn/zhengce/2018-09/24/content_5324957.htm，访问日期：2023 年 12 月 6 日。

② 姜跃春：《世界经济新变局与中日合作新空间》，《日本问题研究》2019 年第 1 期。

③ 张季风：《全球变局下的中日经济关系新趋势》，《日本学刊》2020 年第 4 期。

四、“四边机制”对共建“一带一路”倡议的影响

美日印澳“四边机制”是美国试图主导“印太战略”的产物。四国以小多边形式进行的合作将会对中国产生一定消极影响。尤其是在基础设施、能源合作方面，四国的举措可能会成为“一带一路”合作的替代方案，从而使一些国家寻求同四国的合作。另外，海上丝绸之路是“一带一路”的重要组成部分，四国作为在印度洋-太平洋区域拥有一定实力的国家，其形成的军事合作将会对中国海洋安全造成一定影响。

1. 挤压“一带一路”地缘空间

共建“一带一路”倡议旨在发展与共建国家的经济合作伙伴关系，形成经济融合、政治互信、文化包容的命运共同体。无论是“丝绸之路经济带”还是“21 世纪海上丝绸之路”，都是中国的“西进”战略，其重要意义之一在于有效应对海权大国美国及其海洋盟友日本的海上围堵。[①] 然而“四边机制”在战略层面上加大了对中国的围堵力度。从地缘上看，美日印澳四国形成了一个对华包围圈，给“一带一路”对外合作造成阻碍。

“一带一路”的合作重点在欧亚大陆。在世界经济重心正向亚洲转移的背景下，中国提出的这一倡议受到了全世界的关注。据统计，1990 年，东亚、南亚和东南亚只占全球经济产出的 25%，而北美、欧洲和苏联占 55%。但到了 2019 年，亚洲的占比增至 41%，并且正迅速接近北美、西欧和东欧的 43%的比例。到 21 世纪 20 年代中期，亚洲经济总和将超过北美和欧洲；到 30 年代中期，亚洲可能占全球经济活动的一半以上。[②] 随着经济活动逐渐朝着亚洲倾斜，政治、外交和军事力量也将不可避免地朝着亚洲倾斜，扭转前几个世纪的力量关系。

拜登将中国视为 21 世纪的“新型威胁”，明确表示将集中资源对付

① 李晓、李俊久：《“一带一路”与中国地缘政治经济战略的重构》，《世界经济与政治》2015 年第 10 期。

② 《外媒：世界经济重心正向亚洲转移》，光明网，https://m.gmw.cn/baijia/2021-04/16/1302236059.html，访问日期：2022 年 12 月 20 日。

中国。美国的对华态度主要呈现三个特征。一是战术上的调整，美国将拉上同盟国和友好国包围中国，在数量上获取优势。二是将安全概念泛化，将其拓展至经济和技术领域，并重新评估中国的“威胁”，重视人工智能、半导体等数字技术的作用。三是更强调“人权、民主、自由”等价值理念，拼凑“民主价值观同盟”。

2. 打造地区基础设施建设替代方案

在基础设施建设方面，“四边机制”框架下的双边合作、三边合作有意取代中国提出的共建“一带一路”倡议。虽然多种区域合作框架有利于国家间协同发展、优势互补，但四国的合作对冲意味明显，针对性强，谋求削弱中国在亚太地区的影响力。

在双边层面，印度同日本的互联互通合作进展最为显著。日本自2013年以来，制定了“基础设施体系输出战略”，提出“高质量基础设施伙伴关系”等，加强在亚非国家的基础设施建设投资力度。① 印度则在国内实行经济改革，促进基础设施建设与跨境运输项目的开展，扩大对外合作空间。在此背景下，日印两国有着现实的基建合作需求，在亚非地区规划并推动了一大批合作项目。2015年，日印两国围绕高铁修建计划签署了合作备忘录，这条由两国政府推动、采用日本新干线技术修建的高速铁路将连接艾哈迈达巴德与孟买。2017年，印度宣布同日本联手打造“亚非增长走廊”，建立亚非地区的“工业走廊”和“工业网络”，共同推进“印太”地区互联互通。此外，两国还在第三国开展互联互通方面取得进展，包括在斯里兰卡推动天然气基础设施建设、在孟加拉国进行公路和桥梁修建等。② 除了日本，澳大利亚也于2019年表示将启动为期4年、总额达2500万美元的“南亚地区基础设施互联互通倡

① Ministry of Economy, Trade and Industry of Japan, “The ‘Expanded Partnership for Quality Infrastructure’ Initiative Directed Toward the G7 Ise-Shima Summit Meeting Announced,” accessed October 11, 2023, https://resources4climatechange.com/wp-content/uploads/2021/08/0523_01b.pdf.

② “India-Japan Fact Sheets: India-Japan Development Cooperation in the Indo-Pacific, including Africa,” accessed September 11, 2023, https://www.pmindia.gov.in/en/news_updates/india-japan-fact-sheets-india-japan-development-cooperation-in-the-indo-pacific-including-africa/.

议”，[①] 同印度加强南亚地区的互联互通。印度还同“四边机制”外的欧盟建立了“互联互通伙伴关系”，支持在印度及包括非洲、中亚、“印太”在内的第三国和地区实现有弹性、可持续的互联互通，具有一定的全球影响力。

在三边层面，美日澳提出的“蓝点网络”影响最大。美国于2019年在东亚峰会及“印太论坛”首次提出“蓝点网络”概念，这一倡议名字中的“蓝色”与“一带一路”的“红色”形成了鲜明的对比。该倡议欲打造一个多边的公私混合体认证机构，吸引更多“志同道合的政府、私营部门和民间社会”[②] 共同参与。“蓝点网络”标榜的是高质量基础设施投资，关注投资的可持续性和透明度。早期，在中国还未提出将高质量纳入构建“一带一路”总体要求时，美方声称“一带一路”缺乏透明度。“蓝点网络”以美日澳三国海外投资机构为主要推手，以能源、数字基建项目为核心抓手，[③] 一定程度上形成了替代选择，因此不排除一些原本参与共建“一带一路”的国家可能转而寻求同美日澳的合作。除了美日澳，美日印三国于2018年2月召开“三边基础设施工作组”会议，开启了基础设施领域的三边合作。此外，美日商会和美印商会为了配合政府间合作机制的落实，还推动成立“印太基础设施三边论坛”。

3. 炮制地区能源合作替代方案

能源合作是共建“一带一路”的重要组成部分，也是重要支撑。中国同中亚、中东、非洲、东盟等地区的能源合作有着现实的需求。一方面，中国可以获取多元的能源渠道；另一方面，能源资源丰富的国家则可以扩大出口，促进经济增长。然而，美日印澳尤其是美日印也同样有着同这些地区进行能源合作的需求。随着“印太战略”的推出，能源资

---

① “Australia Announces Regional Connectivity Initiative in S Asia with India as Pivot,” accessed October 11, 2023, https://militarymen.in/australia-announces-regional-connectivity-initiative-in-s-asia-with-india-as-pivot/.

② U. S. Department of State, “Blue Dot Net Work,” accessed October 11, 2023, https://www.state.gov/blue-dot-network/.

③ 马雪：《美国“蓝点网络”实施进展、影响及趋势》，《国际研究参考》2020年第11期。

源丰富的地区势必会面临严峻的大国争夺与地缘政治博弈。

从战略意图上看，美国长期以来一直试图通过北约东扩、“颜色革命”和阿富汗战争等手段，加强对中亚及其周边地区的控制，削弱俄罗斯在欧亚地区的影响力和损害中国在中亚地区的能源利益。① 日本正努力加大同中亚和蒙古国的能源合作力度，寻求能源保障。随着国内油气需求缺口的增大，印度也正逐步加大对资源和地缘空间的争夺力度。

在行动上，美国于 2018 年 6 月提出“促进亚洲能源增长与发展倡议”（EDGE Asia），承诺与合作伙伴共同投资 170 亿美元用来发展液化天然气能源项目，为亚洲能源项目提供 70 亿美元的融资，重点是出口液化天然气。② 日本同美国合作，于 2020 年 1 月举行“美日战略能源伙伴关系”会议。澳大利亚同美国建立了战略能源伙伴关系，2018 年 10 月，美国国务院主办第一届美国-澳大利亚能源安全对话。2019 年 8 月，美澳举行年度“2+2”部长级磋商，双方同意在“印太”地区支持“安全、可靠和可承受的能源供应”。③ 近年来随着美印关系的升温，双方能源合作也取得进展。2020 年 7 月，印度与美国举行“美印战略能源伙伴关系”会议。两国签署谅解备忘录，在石油储备方面开展合作。电力方面，美国通过“灵活资源倡议”力图提升印度电网的弹性和稳定性，帮助吸引用于印度能源转型的私人投资。

4. 影响中国海洋安全

美国认为，海洋将美国与“印太”地区相连接，后者集中了 21 世纪的大部分财富、贸易与人口。海洋秩序对美国的全球战略及“自由开放的印太地区”的愿景而言不可或缺。而这一海洋秩序至少面临四大挑

① 宋雄关：《“一带 路”背景下中国与沿线国家能源合作问题研究》，博士学位论文，云南大学，2016，第 249 页。

② James Sullivan, “The U. S. Is Enhancing Development and Growth Through Energy Opportunities in the Indo-Pacific,” accessed October 12, 2023, https://blog. trade. gov/2019/07/23/the-u-s-is-enhancing-development-and-growth-through-energy-opportunities-in-the-indo-pacific/.

③ “Australia and the United States: An Alliance for the Future,” accessed October 12, 2023, https://www. foreignminister. gov. au/minister/marise-payne/media-release/australia-and-united-states-alliance-future.

战：海洋行为的国际规则，海盗、恐怖分子等非国家行为体和跨国犯罪组织，海洋资源开发以及自然灾害和气候变化。美日印澳“四边机制”在领土争端、联合军演等方面对中国构成制约。

在领土争端方面，中日钓鱼岛争端最为突出。2010 年日本巡逻船在钓鱼岛冲撞中国渔船事件及 2012 年日本“购岛”闹剧发生后，中日两国钓鱼岛主权争端逐渐升级。日本一方面大肆渲染中国海上军事力量对日本的威胁，另一方面修改防卫计划大纲，整合防卫机制并增加驻军，强化军事存在，[①] 并加强同美国的军事合作。

在联合军演方面，美日印澳四国不断强化海上军事合作。2020 年 10 月 19 日，澳大利亚国防部宣布参与当年的“马拉巴尔”海上联合军演，意味着美日印澳四国海军联合军演在中断 13 年后正式重启，而在此前，出于对中国方面的担忧，印度一直拒绝澳大利亚的参与。澳大利亚还同日本建立了特殊战略伙伴关系，两国签署《互惠准入协定》，将允许两国军队访问对方国家，参加训练和联合行动。11 月 3 日，“马拉巴尔 2020”海上联合军演在孟加拉湾正式启动，标志着四国海军合作进入了新阶段。四国联合军演的参与国还在扩大之中。2021 年 4 月 5 日至 7 日，美日印澳和法国海军在孟加拉湾举行“拉贝鲁兹”联合军演。此次五国海上联演由法国主导，印度首次参与，五国共计有 8 艘军舰参加演习，意在强化防空、反舰、反潜能力和克服海上不利气象条件的能力。

五、对中国应对“四边机制”的建议

有效破解美日印澳“四边机制”的围堵，并最大限度地降低其对中国和平发展可能带来的消极影响至关重要。虽然四国内部存在认知差异，对华策略受经济、外交等多方面的影响，不太可能形成一个全面的对抗阵营，但中国仍应持续加强国内经济国防建设，防患于未然。对于“四边机制”，国内外都有认为其会演变成“亚洲版北约”的担忧，尤其是近年来法英等国加入联合军演，给“印太”地区带来了更多不确定性。

① 朱清秀：《日本的“印太”战略能否成功?》，《东北亚论坛》2016 年第 3 期。

因此，在战略层面，应该对“四边机制”给予高度关注。

1. 加强自身实力

由于当前百年未有之大变局带来的不确定性和不稳定性因素增加，中国面临复杂严峻的安全形势，防范化解系统性风险的压力不断增加。应兼顾好发展与安全两件大事，统筹好经济与国防两种实力，在战略博弈中始终占据主动地位。

首先，应加强经济建设。党的十九届五中全会通过的《中共中央关于制定国民经济和社会发展第十四个五年规划和二〇三五年远景目标的建议》明确指出，要加快建设现代化经济体系，加快构建以国内大循环为主体、国内国际双循环相互促进的新发展格局，推进国家治理体系和治理能力现代化，实现经济行稳致远、社会安定和谐，为全面建设社会主义现代化国家开好局、起好步。① 只有以经济建设为中心，大力发展生产力，才能不断满足人民群众日益增长的物质文化需要，才能推动社会全面进步。同时，经济建设能为国防建设提供更加雄厚的物质基础，有助于中国提升国际话语权，为应对国际变局发挥稳定作用。

其次，应加强国防建设。“世界经济和战略重心继续向亚太地区转移，亚太地区成为大国博弈的焦点，给地区安全带来不确定性。美国强化亚太军事同盟，加大军事部署和干预力度，给亚太安全增添复杂因素。美国在韩国部署‘萨德’反导系统，严重破坏地区战略平衡，严重损害地区国家战略安全利益。日本调整军事安全政策，增加投入，谋求突破‘战后体制’，军事外向性增强。澳大利亚持续巩固与美国的军事同盟，强化亚太地区军事参与力度，试图在安全事务中发挥更大作用。”② 一支强大的中国军队，是维护世界和平稳定、服务构建人类命运共同体的坚定力量。建设强大的国防力量是国家的最高利益和根本利益，也是实现

① 《中共中央关于制定国民经济和社会发展第十四个五年规划和二〇三五年远景目标的建议》，人民网，http://sn.people.com.cn/n2/2020/1104/c378287-34392657.html，访问日期：2022 年 11 月 4 日。

② 《新时代的中国国防》，中国政府网，http://www.gov.cn/zhengce/2019-07/24/content_5414325.htm，访问日期：2023 年 10 月 21 日。

中国富民强国、确立国际地位的重要保障。

最后，应坚定不移推进共建"一带一路"高质量发展。全力推进"一带一路"，一方面可以扩大与共建"一带一路"国家的经贸合作，填补因"脱钩"而造成的欧美市场空白，另一方面也可加强与其他重要经济体尤其是日韩和欧洲大国围绕"一带一路"的第三方市场合作。① 尽管美日印澳"四边机制"在一定程度上削弱了"一带一路"的地缘空间，但"一带一路"具有明显的利他动机，各共建国家之间存在着巨大的互补性需求，而且"一带一路"对共建国家具有巨大的辐射效应，拥有欧亚大陆的天然优势，"四边机制"难以真正做到对其的完全替代。

2. 避免军事、经济的直接对抗

关于是否对"印太战略"或"四边机制"进行反制，国内学界意见不一。有学者主张"应主要以经济手段进行反制，辅之以必要的军事斗争准备"，② 有学者主张"应避免形成军事和经济集团的对抗"。③ 前者认为美日印澳可能借"四边机制"进行低成本甚至是零成本的讹诈，中国应当加大威慑力度，避免造成不必要的损失；后者认为中国军事实力尚有提升空间，对抗会使中国面临"一对多"的不利局面。

本文认同后一种看法，即应当避免经济、军事的直接对抗。一方面，目前来看，四国的官方表态在话语层面体现出淡化谈论中国的特征。这种淡化可以被理解为安抚或者掩饰，但也客观体现了四国不想轻易激怒中国的心态，至少在言语层面不想同中国展开激烈辩驳。另一方面，中国强调和平发展，避免对抗符合中国一贯坚守的外交原则。"中国是一个具有全球性潜力的崛起国，其在全球范围的活动主要是经济影响力的拓展，而非战略和军事层面的。" ④ 同时，中国的军事实力同美国还存在差距，在未来一段时间内并不具备挑战美国霸权的实力。第三，避免对抗虽然会花费一部分因战略压力带来的额外成本，但直接对抗产生的损

① 江瑞平：《世界百年变局与中国经济外交》，《外交评论》2020 年第 6 期。
② 叶海林：《"印太"概念的前景与中国的应对策略》，《印度洋经济体研究》2018 年第 2 期。
③ 孙学峰：《中美战略竞争时代的中国安全战略》，《战略决策研究》2018 年第 2 期。
④ 刘丰：《中美战略竞争与东亚安全态势》，《现代国际关系》2017 年第 8 期。

失会远远大于这部分的成本。

3. 提升科技创新水平

目前，中国多种关键技术和核心零部件依靠进口，面临“卡脖子”风险。虽然近年来中国的研发投入和研发强度持续提升，但与发达国家的研发投入水平仍存在一定差距。此外，受企业规模不足、研发投入不足、市场准入和研发制度不健全等因素制约，国内企业的创新能力仍然相对落后。

美日印澳“四边机制”的一项重要内容就是对新兴与关键技术的关注，其针对中国的意图明显。提升中国的科技创新水平，有利于摆脱四国对中国的科技打压，实现自主研发。要继续加大研发投入，实现前瞻性基础研究、引领性原创成果的重大突破，把核心技术和关键技术牢牢掌握在自己手中。同时，应进一步完善研发创新体系，强化市场需求引导作用和企业市场主体作用，完善激励企业研发的普惠性政策。此外，要健全激励创新研发机制，完善高新技术人才的薪酬体系，提高科研人员待遇水平，激发科技人员研发创新的积极性。

4. 重视与东盟的合作

以美国为代表的“印太战略”的对抗性不符合东盟的利益，有损东盟在地区架构中的中心地位。① 随着美日印澳“四边机制”的提出，以印度尼西亚为首的东盟国家因担心其自身在“印太”地区影响力的下降，致力于打造基于东盟自身的“印太战略”。2019 年 6 月，第 34 届东盟峰会在泰国曼谷举行，正式推出《东盟印太展望》文件，标志着东盟“印太战略”的确立。

基于东盟对美日印澳“四边机制”现存的疑虑，可考虑加强中国同东盟的合作，为未来的可持续和平发展营造良好的国际环境。因此，可以主动加强与东盟的沟通与协调，并帮助东盟重拾领导地区多边机制建

① 刘琳：《东盟“印太展望”及其对美日等国“印太战略”的消解》，《东南亚研究》2019 年第 4 期。

设的信心。[1] 在2020年中国-东盟博览会开幕式上的致辞中，习近平主席指出：“新形势下，中方视东盟为周边外交优先方向和高质量共建‘一带一路’重点地区，支持东盟共同体建设，支持东盟在东亚合作中的中心地位，支持东盟在构建开放包容的地区架构中发挥更大作用。”[2] 这为中国进一步深入开展与东盟的合作指明了方向。未来，中国可继续同东盟加大在“一带一路”框架下的投融资以及基础设施建设合作，推动中国同东盟双边经贸关系不断取得新的进展。

① 贺凯：《美国印太战略实质与中国的制度制衡——一种基于国际关系理论的政策分析》，《现代国际关系》2019年第1期。

② 《习近平在第十七届中国-东盟博览会和中国-东盟商务与投资峰会开幕式上的致辞（全文）》，新华网，http://www.xinhuanet.com/politics/leaders/2020-11/27/c_1126792459.htm，访问日期：2023年7月1日。

陈　洋　刘竹君*

共建“一带一路”公共卫生治理体系的实践路径探索

〔**摘　要**〕新冠疫情引发了人们对国际公共卫生安全全球治理的思考，全球公共卫生治理亟待加强。“健康丝绸之路”是中国为深化全球公共卫生治理提供的重要公共产品。以此为抓手推进共建“一带一路”公共卫生治理体系和治理能力建设、推动共建人类卫生健康共同体，具体可从如下方面着力：加快“健康丝绸之路”建设；呼吁“一带一路”共建国家履行公共卫生治理主体责任；健全以世界卫生组织为核心的全球公共卫生治理机制；发挥中国负责任大国作用；维护“一带一路”共建国家经济社会安全有序发展；争取国际话语权。

〔**关键词**〕“一带一路”；“健康丝绸之路”；公共卫生治理体系；人类卫生健康共同体

一、引言

21世纪以来，人类社会经历了甲型H1N1流感、中东呼吸综合征、

* 陈洋，海南科技职业大学教师，主要研究方向为传播学、职业教育。刘竹君，北京第二外国语学院中国“一带一路”研究院助理研究员。

埃博拉疫情、寨卡疫情和新冠疫情的接连冲击，全球公共卫生问题正成为后冷战时期较为突出的国际安全问题。随着未来世界流动性的日益增强，一些突发急性传染病有可能发展成为传播速度快、感染范围广、防控难度大的全球性重大风险。目前共建“一带一路”正处在高质量发展阶段，与中国签署共建“一带一路”合作文件的多数发展中国家防疫物资匮乏、卫生体系不健全、防控能力较为薄弱。因此，如何在遭遇突发重大公共卫生风险时顺利推进“一带一路”建设，需要深入研究思考和妥善应对。

习近平总书记在2021年11月召开的第三次“一带一路”建设座谈会上强调，世界百年未有之大变局正加速演变，新一轮科技革命和产业变革带来的激烈竞争前所未有，气候变化、疫情防控等全球性问题对人类社会带来的影响前所未有，共建“一带一路”国际环境日趋复杂。[①] 直面这一现实考验，应以人类命运共同体理念为引领，以“健康丝绸之路”为主线，加强全球公共卫生合作，提升共建“一带一路”公共卫生治理体系和治理能力，打造人类卫生健康共同体。

二、共建“一带一路”公共卫生治理体系的实践路径

卫生领域合作是共建“一带一路”倡议的重要内容之一，“健康丝绸之路”正日益成为中国为深化全球公共卫生治理提供的重要公共产品。2015年，《国家卫生计生委关于推进“一带一路”卫生交流合作三年实施方案（2015—2017）》发布，逐步形成了以多边为基础、双边为重点的“一带一路”卫生合作布局，有力推动了共建国家卫生事业的发展。2016年6月，习近平总书记正式提出打造“健康丝绸之路”的主张。近年来，中国与“一带一路”共建国家和有关国际组织一道深化卫生政策协调，发展“一带一路”医院合作联盟，建设中医药海外中心，实施“中国-东盟公共卫生人才培养百人计划”、中非公共卫生合作计划

① 《习近平出席第三次“一带一路”建设座谈会并发表重要讲话》，中国政府网，https://www.gov.cn/xinwen/2021-11/19/content_5652067.htm，访问日期：2023年11月28日。

等，为促进民心相通、增进各国民众健康福祉作出了不懈努力。新冠疫情暴发后，中国多次强调，将秉持人类命运共同体理念，为全球疫情防控分享经验，提供力所能及的支持，同各国一道促进全球公共卫生事业发展，构建人类卫生健康共同体。为共建“一带一路”公共卫生治理体系，推动构建人类卫生健康共同体，可具体从以下六个方面入手。

1. 加快“健康丝绸之路”建设

为实现共建“一带一路”公共卫生治理可持续发展，可探索逐步实施如下具体举措：(1) 编制“一带一路”公共卫生安全指数，建立开放式即时接入“一带一路”重大疫情数据共享与跟踪管理的系统，并从预警监测、快速报告、卫生体系、风险环境等方面汇总，实现卫生数据的互联互通，为疫情防控国际合作提供大数据协作网络；(2) 建立“一带一路”重大疫情和突发公共卫生事件应急联络机制，及时发现、预防和监测新发传染病，并将传染病疫情分级分类，在不同层级制定相应的防控举措，提升快速响应速度；(3) 任命“一带一路”重大疫情防控特使，与共建国家建立双边联委会，就签证发放、人员往来、入境审查、边检防疫等进行协调对接。

在应对重大疫情挑战时，相关国家和国际组织应当共同努力，建立一支由病毒学、流行病学、公共卫生、疫苗和药物开发等各领域人员组成的专家小组。这一专家小组将负责进行公共卫生和健康风险综合研判，为“一带一路”共建国家的疫情防控提供技术支持。同时，为了更好地应对重大公共卫生事件，相关国家和国际组织还应着手筹建“一带一路”重大疫情应急物资储备中心，在发生突发公共卫生事件时，快速生产、紧急协调和公平分配应急物资设备，并加大对难民和流离失所者等弱势高危群体的人道主义救助。

共建国家与相关国际组织还应共同努力，建立“一带一路”重大疫情官方网站或信息交流中心，依托世界卫生组织信息资源，并与社交媒体合作，及时定期发布疫情国际传播风险的评估报告，提供实用可靠的防控信息。同时，可依托“一带一路”共建国家的优质高校资源，设立

“一带一路”公共卫生学院，一方面，推广“一带一路”生命健康教育，为共建“健康丝绸之路”培养复合型、高层次的公共卫生人才，加强公共卫生人力资源开发和能力建设；另一方面，可以以上人才资源为基础，打造具有国际影响力的全球公共卫生政策智库，引导全球卫生治理体系变革。

2. 呼吁“一带一路”共建国家履行公共卫生治理主体责任

“一带一路”共建国家应重视突发公共卫生事件的全局性、复杂性和艰巨性，把公民生命安全和健康放在第一位，增强重大传染性疾病危机管理意识，加强突发公共卫生事件预警，在控制传染源、切断传播途径、保护易感人群等方面采取有效举措，最小化传染病的扩散风险。共建国家应及时生产医护和公民防护用具、呼吸机和检测试剂等各类仪器装备，加强医疗物资供应链管理，在必要情况下鼓励企业转产抗疫物资。同时，共建国家在疫情发生后应迅速以举办研讨会、开展在线教学、通过智能手机进行互动等方式，为医护人员提供及时、有效的指导。

为了进一步加强公共卫生治理，“一带一路”共建国家需要在面对重大公共卫生突发事件时，采取暂停航班、停课停工停产、限制集会、封锁城镇、关闭边境等防控举措。“一带一路”共建国家应推动建立和完善与人员往来较多国家的卫生防疫协调应急机制，制定跨国交通工具、口岸、高风险人员出入境等方面相互衔接和相应的防控标准，防止疫情跨境传播。

为确保全面了解疫情形势并有效应对，共建国家还应与国际组织及时分享疫情信息、流行病学调查结果和临床诊疗等防控经验和方案，相互汲取和吸纳前沿健康新知识、干预举措以及专业化的危机处理与应对经验，更好地协同努力，形成合力，有效制约疫情的传播。

此外，“一带一路”共建国家还应倡导绿色发展，包括宣传人与自然的平衡理念、恢复并保护可持续生态系统、提升公民的卫生健康素养等，共同打造绿色、可持续、更大范围的互联互通大格局。

3. 健全以世界卫生组织为核心的全球公共卫生治理机制

重大传染病导致的公共卫生安全风险具有跨国界性、传染性和治理难度大等特点，迫切需要增强应急管理和风险防范的国际合作能力。世界卫生组织是联合国负责卫生事务的专门机构，也是全球最大的政府间公共卫生组织，于2017年与中国签署了《关于“一带一路”卫生领域合作的谅解备忘录》。世界卫生组织在突发传染病早期预警、协调防控、共享诊治以及国际援助方面负有重要责任，目前在以联合国系统为支柱的全球公共卫生治理体系中发挥着核心支撑作用。为此，要进一步推动该组织提升自身国际专业机构职能，促进公共卫生议题在全球治理议程排序中前移，强化突发公共卫生应急国际协调能力，努力弥合全球公共卫生治理赤字。

“一带一路”共建国家应重视世界卫生组织在面对“国际关注的突发公共卫生事件”（PHEIC）时的全球疫情风险等级预警作用，以及在全球应急行动计划和应急项目方面的作用。此机制将向公共卫生能力落后的国家和地区以及全球疫情防控的薄弱环节提供援助，包括分发物资，调动资源，支持疫情防控、传染病防治和发展中国家公共卫生体系建设等。

各共建国家还可在面对重大公共卫生突发事件时邀请世界卫生组织考察团实地考察、评估疫情，并参照世界卫生组织的建议和《国际卫生条例》，找到符合自身国情的“差异化”抗疫模式。通过与世界卫生组织的密切合作，共建国家能更好地运用国际经验和专业建议，提高疫情防控的科学性和有效性。

4. 发挥中国负责任大国作用

中国多年来积极参与国际卫生合作，曾有抗击非典疫情和埃博拉疫情的实际经验。新冠疫情发生以来，中国与周边国家、金砖国家举行特别外长会，与澜沧江-湄公河区域国家开展传染病联防联控项目合作，与中东欧等国家进行防控疫情线上交流，并紧急驰援多国抗疫物资。中国防控疫情的有力措施为维护世界公共卫生安全作出了巨大贡献，得到世界卫生组织和多国的充分肯定。

作为全球制造业和医疗物资生产、出口大国，特别是全球医疗器械的重要生产基地，中国应继续发挥制造优势，在发生重大公共卫生突发事件时，加大抗疫物资的生产和供应，稳住医疗物资供应链，向受疫情影响国家提供口罩、药品、防护服等急需防控物资援助，在把好出口医疗物资质量关、符合进口国（地区）质量标准的前提下，加大向急需国家的出口。

近年来，国内大数据、数字经济等领域发展较快，中国应发挥优势，研究布局数字技术在重大疫情应急响应、病毒溯源、临床治疗、疫情监测、舆情应对、资源调配等方面的作用和方式，与“一带一路”共建国家合作研究新型传染病的产生机制、流行趋势、传播途径、诊疗方法等，推动“一带一路”数字技术与公共卫生应急管理体系的深度融合。

为加强全球公共卫生外交，中国还应采取一系列措施，在多边主义框架下建立全球公共卫生战略伙伴关系，与共建国家共同提高应急管理和风险防范能力，为应对突发重大传染病提供国际卫生公共产品。具体而言，可建立一支快速反应的国际防疫医疗队，随时支援其他国家；可在“一带一路”共建国家建设海外中医药中心，在贡献国际公共产品的同时提升国家文化软实力；可建立“一带一路”多语言应急服务机制，组建“多语种服务团队”，通过多语种信息发布、应急翻译服务等形式，提升突发重大公共卫生事件中的跨语言和文化沟通效率。

5. 维护“一带一路”共建国家经济社会安全有序发展

疾病大流行大概率会引发全球经济衰退，疫情可能导致全球产业链临时中断、海陆空交通受阻、国际资本市场动荡、全球市场需求下滑、外国直接投资减少以及全球制造业遭受打击等问题。随着世界经济下行风险加大，不稳定、不确定因素显著增多。据联合国多个机构公布的数据，疫情迄今导致全球损失 2.5 亿个全职工作岗位，至少 1.2 亿人陷入极端贫困（全球 20 年来首次如此大幅增长），520 万名儿童因为失去至亲成为“新冠孤儿”，至少 1.55 亿人陷入严重的粮食不安全境地，人类发展指数 30 年来首次出现下降。①

为支持参与共建“一带一路”的中外企业克服疫情影响等不利因素，最大限度地减轻疫情对共建国家经济社会安全有序发展带来的不利影响，各共建国家要做好企业和项目服务，加大财政、货币政策及金融监管协调力度，通过减免税收和社保缴费、提供优惠贷款和补贴、降低原材料进口关税等举措助力企业脱困。此外，还应关注疫情期间“一带一路”项目建设融资问题和可能的债务危机，警惕“中国制造债务陷阱论”的卷土重来，加强对“一带一路”债务可持续性研究，与共建国家执行好《“一带一路”融资指导原则》。

总之，除遏制疫情外，“一带一路”共建国家应兼顾经贸发展和国际合作，加强宏观经济政策协调，筑牢全球供应链与疾病传染链之间的“防火墙”，尽可能降低重大传染病对经济发展带来的负面影响，维护“一带一路”共建国家经济社会安全有序发展。

6. 争取国际话语权

新冠疫情暴发后，一些国家政要和媒体试图给疫情贴上种族标签，强化病毒的“国别”属性，“污名化”移民，制造“疾病歧视”，甚至抛出“追责中国论”。可以预料，后疫情时代的“一带一路”建设可能面临更为不利的国际舆论环境，包括卫生领域在内各种形式的“中国威胁论”干扰仍然会层出不穷。为此，要加大对外人文交流力度，做好民心相通，争取国际社会更多的理解和支持，为共建“一带一路”创造更加有利的舆论氛围。一方面，要始终坚持多边主义立场，加大国际合作力度，坚持根据世界卫生组织等国际机构对新发现传染性疾病命名的指导原则，提倡使用中性、科学的术语来命名，反对将疫情政治化、将病毒标签化、将地域污名化，特别是反对将病毒同特定地域和群体相联系；另一方面，要内外兼顾，关注疫情可能产生的涉外影响，加强网络空间

① 梁昊光、张耀军：《“一带一路”高质量发展是世界经济的稳定力量》，光明网，https://m.gmw.cn/baijia/2022-07/04/35857097.html，访问日期：2023 年 10 月 10 日。

涉疫舆情治理，及时、透明、准确、多层次、高密度地推送权威可靠信息，严控虚假和错误信息的传播，满足受众信息刚性需求，努力消除国际社会对抗疫的认知阻力和情感障碍，增进共同体意识。对于一些政治势力炒作的追责索赔议题，则应理直气壮地予以反驳，同时继续多用国际语言讲述中国和“一带一路”共建国家共同抗疫的故事。

三、结语

人类文明史是一部同疾病和灾难斗争的历史。面对人类共同的危机，中国将同其他“一带一路”共建国家一道，继续开展全球公共卫生外交，坚定支持世界卫生组织的工作，在多边主义框架下寻求建立全球公共卫生战略伙伴关系，提高“一带一路”共建国家应急管理和风险防范的能力，为继续打造“健康丝绸之路”，构建人类卫生健康共同体，为建设持久和平、普遍安全、共同繁荣、开放包容、清洁美丽的共同家园作出贡献。

孙安宁　刘书言 *

“一带一路”背景下美国《国家安全战略报告》的政治语言学分析
——基于 partner 词族的搭配特征

〔摘　要〕美国虽非“一带一路”共建国家，但对共建“一带一路”倡议的顺利推进有着重要影响。本文以美国发布的 17 份美国《国家安全战略报告》和 1 份《临时国家安全战略指导》为文本搭建语料库，基于 partner 词族的搭配特征，从政治语言学视角探讨美国国家安全战略的特点和变化趋势。研究发现，partner 词族的使用频率与美国政党政治及所面临的外部压力高度相关；美国的主要合作伙伴为欧盟、日本、韩国、泰国等，非洲地区也日渐被美国所重视，而中俄现在则处于美国国家安全战略的对立面；美国与其合作伙伴的合作目标总体经历了从两极争霸到打击恐怖主义，再到遏制中国崛起三个主要阶段。在此背景下，研究美国相关安全战略文件的政治语言特征，有利于准确研判美国对华战略态势，为共建“一带一路”提供有益参考。

〔关键词〕政治语言学；《国家安全战略报告》；词族搭配；伙伴关系

* 孙安宁，北京第二外国语学院中国“一带一路”研究院助理研究员。刘书言，北京第二外国语学院中国“一带一路”研究院助理研究员。

一、引言

语言是一种符号权力，与政治密切相关。政治研究始终绕不过语言科学，语言背后则一直暗含政治意识形态，这也是政治语言学兴起的重要原因。美国《国家安全战略报告》（以下简称《报告》）是阐述历届美国政府国家安全战略的重要文件，涵盖政治、军事、经济等多个领域。政治语言学作为一门新兴交叉学科，在国内学术界获得的关注目前相对有限，从政治语言学出发对《报告》进行分析，有助于以多元视角深度认知美国国家安全战略，也有助于为国内政治语言学研究提供研究实例，服务于共建"一带一路"倡议。

二、研究方法

本文旨在借助美国发布的 17 份《报告》和 1 份《临时国家安全战略指导》为政治文本搭建语料库，利用 AntConc 软件对 partner 一词的词族搭配展开分析，从政治语言学视角研究美国与其盟友的合作情况及重点合作内容。

1. 研究问题

特朗普政府执政以来，中美关系降至几十年来的低谷。拜登政府在很大程度上延续了特朗普时期的对华政策，具体手法虽然有所不同，但战略挤压的基本面不变。美国作为后冷战时代唯一的超级大国，其国家安全战略的设定和调整会对全球产生深刻影响。本文通过研究《报告》中 partner 词族的搭配，试探析美国国家安全战略的特点和变化趋势。

2. 研究语料

本文所分析的语料主要包括 1987—2017 年的 17 份《报告》以及

2021 年拜登政府出台的 1 份《临时国家安全战略指导》，库容为 392，778 词。需要说明的是：第一，由于 2021 年的文件仅为“临时性”的指导文件，因此在体量上无法与前 17 份文件相比；第二，各《报告》发布的时间受时任政府及总统的影响，并非定期公布，详情可见表 1；第三，本文主要分析《报告》的正文部分，因此在搭建语料库的过程中，删除了《报告》的目录及前言部分。

表 1　美国历任政府发布《报告》情况（1987—2017 年）

总统	发布数量	发布年份
里根	2	1987、1988
布什	3	1990、1991、1993
克林顿	7	1994、1995、1996、1997、1998、2000、2001
小布什	2	2002、2006
奥巴马	2	2010、2015
特朗普	1	2017

资料来源：作者根据白宫官方网站信息整理。

注：2000 年、2001 年《报告》分别于 1999 年 12 月、2000 年 12 月发布。

3. 研究方法与研究步骤

本文首先对收集上来的 18 份 PDF 文档做转码处理，转换为 TXT 文件后再人工进行乱码剔除。为便于后续研究，作者并未将 18 份文件合并为单个文档，而是以年份为命名依据，得到共计 18 份 TXT 文件。作者首先将研究语料文件导入 AntConc 软件，以“partner *”为关键词进行 Concordance 及 Collocates 功能检索，并计算各搭配词的 MI 值与 T 值，得到 partner 词族的总体使用情况、使用趋势及搭配情况。

三、研究结果与分析

1. partner 词族的搭配使用情况

（1）总体情况分析

研究发现，partner 的主要屈折形式为 partners，有时作为谓语使用，而其主要派生形式为 partnership。从总体上看，partner 词族在语料库中共计出现 830 次，其中以 2017 年、2010 年及 2001 年出现的次数最多，分别为 149 次、119 次及 80 次，详情可见图 1。利用 AntConc 软件中的 Collocates 功能，界定跨距为-5/+5，并剔除介词、连词及冠词后，共得到 4 个与 partner 词族高频搭配的词，即 our、allies、will 和 we。

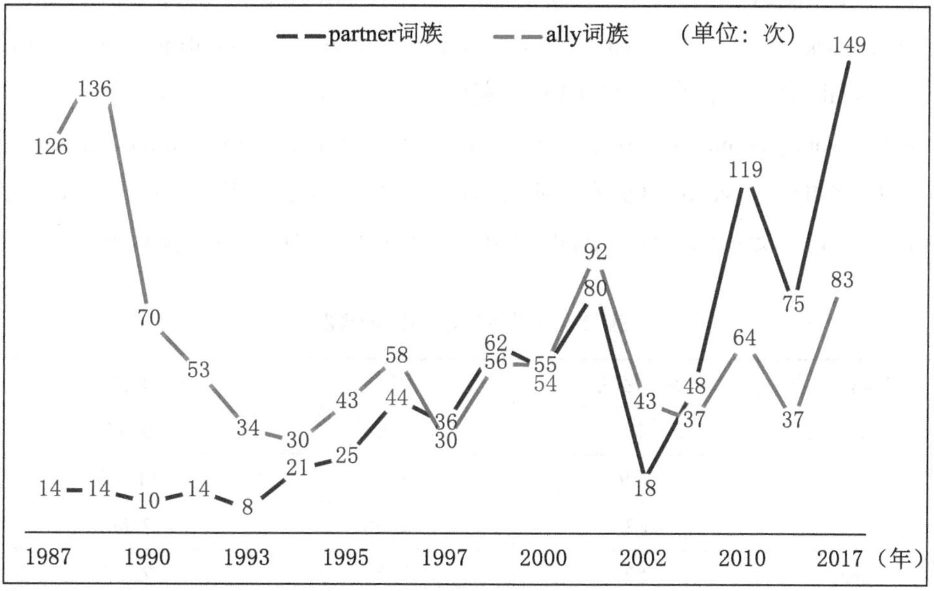

图 1　partner 词族与 ally 词族出现次数分布图（1987—2017 年）

虽然共现词频表能够清晰地呈现出与节点词经常使用的词语搭配，但是由于 AntConc 软件的局限性，跨距无法将句子界限纳入计算当中，因此往往会出现与节点词相隔过远而没有语法联系的情况，所以需要引入其他的计算方式判断词语搭配的强弱，如 MI 值及 T 值。MI 值和 T 值是常用于计算共现词显著性的方法，通过对比共现词的期望频数（Expected Frequency）和观察频数（Observed Frequency）之间的差距的方式，计算搭配序列在语料库中出现概率的显著程度。二者之间的差异在于，MI 值聚焦于词汇之间的搭配强度，测量的是共现词的非随机性；而 T 值重点关注显著搭配词的确定性。需要指出的是，MI 值有其局限性。当词语出现频率偏低且常与节点词共现时，MI 值往往会较高，其信度可能受损，因此 MI 值和 T 值需要结合使用。

本文利用 AntConc 软件中自带的 MI 值和 T 值的计算功能，设定跨距为-5/+5，分别计算 MI 值和 T 值，并对比两者之间结果的差异以获得 partner 词族的典型搭配词。鉴于 MI 值常受频数影响，因此分析过程中将最小出现频数设定为 30 以减小频数对 MI 的干扰。结果发现，剔除连词、介词等虚词后，MI 值最高的 15 个实词为 trading，allies，work，European，working，NATO，peace，our，nations，cooperation，continue，will，other，global，new；T 值最高的 15 个实词为 our，allies，will，we，states，security，work，economic，peace，united，that，nations，international，trading，is。由此可知，partner 词族的典型搭配词为 trading，allies，work，peace，our，nations 及 will，各个单词具体的共现次数、MI 值和 T 值可见表 2。

表 2 典型搭配词搭配情况

典型搭配词	共现次数	MI 值	T 值
trading	42	9.65	6.47
allies	139	8.77	11.76
work	62	7.96	7.84
peace	52	7.37	7.17
our	341	6.76	18.30
nations	44	6.71	6.57
will	130	6.33	11.26

资料来源：作者根据 AntConc 软件分析结果整理。

（2）具体情况分析

根据图 1 与表 2，allies 作为 partner 词族的典型搭配词，其共现次数仅次于 our，居第二位；其 MI 值与 T 值的排名同样位居第二，且 ally 词族的含义在一定意义上与 partner 词族重叠，因此本文另外计算了 ally 词族的共现次数用以与 partner 词族相比对，详情可见图 1。在 1987—1993 年的 5 份《报告》中，partner 词族的出现次数均少于 20 次。与之相比，常与 partner 词族共现，且含义与 partner 相近的 ally 词族却在这 5 份《报告》中被大量使用，尤其是里根执政期间的 1987 年及 1988 年的两份《报告》中，其出现频率均超过 100 次；但随着时间的推移，该词的使用频率逐渐降低，最终在 1993 年的《报告》中降至 34 次的低点。

根据《朗文当代高级英语辞典》的释义，partner 是指与一国或组织签订协议的国家或组织，而 ally 则指战争中同意帮助或支援另一国的国家。partner 词族与 ally 词族使用频率的高低与战争与和平的时代大背景直接相关。冷战时期，里根政府领导下的美国将联合盟友共同遏制苏联当作首要任务，强调其战时同盟属性，因此在 1987 年和 1988 年的《报告》中，ally 词族相较于 partner 词族在数量上占有压倒性优势，但随着苏联改革的进行特别是 1991 年苏联解体，美国所面临的外部压力显著降低，因此在 1990 年和 1991 年的《报告》中，ally 词族的使用次数出现了较为明显的下降。此后 ally 词族仅在 2001 年和 2017 年的《报告》中被频繁使用，分别与"9·11"事件及中美关系恶化的大背景紧密相连。可见，随着和平与发展逐渐成为时代主题，意识形态意味较为浓厚的 ally 词族的出现频率显著降低，partner 词族的使用频率则有了较大幅度提升，这与日益加深的经济全球化和国家间相互依存的程度高度相关。

典型搭配词 peace 在语料库中共现 52 次，系统分析统计结果后可发现，peace 与 partner 词族显现出强搭配关系主要是因为"和平伙伴关系计划"（Partnership for Peace，PFP）的出台。"和平伙伴关系计划"于 1994 年通过，是美国在苏联解体背景下为推动北约扩张所提出的举措。苏联解体使得美欧联盟面临的传统敌人消失，西方国家内部逐渐出现了解散北约的声音，北约的去留成为美国需要解决的迫切问题。由于不愿放弃其在欧洲的利益，更出于巩固自身全球霸权地位的目的，美国最终决定扩张北约，而“和平伙伴关系计划”也是美国扩张北约的第一步。[①]此外，trading 作为 partner 词族的典型搭配词，在语料库中与 partner 词族共现次数共计 42 次，其中 40 次的搭配形式为“trading + partner / partners”，凸显出 partner 词族的贸易属性。

《报告》中人称代词 we 以及情态动词 will 同样出现频率较高，we 在语料库中共出现 5247 次，而 will 则出现 3367 次。分别以 we 和 will 为语境词进一步研究 we、will 与 partner 词族的搭配情况，可以看出 we 与 partner 词族和 will 与 partner 词族常用搭配句式均为“we+will+动词（短语）+ partner”，而常用动词短语则多为 work with，这也解释了 work 一词与 partner 词族的强搭配性。《报告》作为纲领性文件，目的在于阐明美国政府的国家安全目标以及后续行动，因此在形式上显示出以将来时为主的状态。《报告》在主语的选择上并未选取更为正式的 one，而是采用了 we 用以代指美国政府及其背后的美国民众，旨在增加《报告》的亲和力，拉近阅读者与美国政府的距离。

《报告》中形容词性物主代词 our 同样拥有极高的出现频率，在语料库中总共出现 6552 次。通过 AntConc 中的 Collocates 功能对 partner 词族的共现词进行检索，可发现 our 一词常与 partner 词族共现，共现次数为 341 次，其 MI 值为 6.76，T 值为 18.30。以 our 为语境词对二者的搭配情况进行进一步分析，可发现二者间惯用搭配为“our+ally 词族+and+partner 词族”。Our 一词极高的使用频率主要得益于 we 一词的高频使用，目的同样在于拉近与读者的距离，增强读者对《报告》的认同度。

另外，通过对 partner 词族进行分析，可以看出美国共和党与民主党在美国国家安全战略方面的差异。总体而言，partner 词族的几次使用高峰除 2017 年以外，大部分出现在民主党执政时期；共和党执政期间（特别是里根政府、布什政府），partner 词族的使用频率要显著低于民主党执政时期（克林顿政府、奥巴马政府），体现出民主党对国际事务更高的关注程度以及多边主义倾向。虽然 2021 年的《临时国家安全战略指

① 李海东：《“和平伙伴关系计划”与北约的扩大》，《欧洲研究》1999 年第 3 期。

导》在文字数量上无法与正式的报告相提并论，但通过计算《临时国家安全战略指导》中 partner 词族的出现频率可发现，《临时国家安全战略指导》中 partner 词族每 225 词出现一次，低于 2017 年《报告》146 词/次的频率，但高于 2010 年《报告》230 词/次的频率，显示出拜登政府延续了民主党的外交风格，对带领美国"领导世界"的愿景展现出强烈的兴趣。

2. 合作对象分析

总体而言，欧盟作为美国的传统盟友及合作伙伴，在《报告》中出现的时间最早、频率最高。第二次世界大战以来，美国通过马歇尔计划、北大西洋公约组织等深度介入欧洲事务，使美欧之间形成了较其他地区更为紧密的关系。

亚洲方面，日本、韩国、泰国、菲律宾、印度等是美国较常提及的合作伙伴，中国、俄罗斯也一度作为美国的重要合作伙伴出现在《报告》中，但随着时间的推移和国际格局的变化，中俄逐渐被置于美国国家安全战略的对立面；中东地区方面，《报告》中较常提及的国家主要为以色列。2010 年以来，受 2008 年国际金融危机影响和美国恢复经济的需要，巴西等新兴发展中国家逐渐在《报告》中与 partner 词族共现。

除了美国传统的合作伙伴，非洲国家自 20 世纪 90 年代起一直被美国视为重要的合作对象。以 Africa、African 为语境词对 partner 词族展开分析，共得到 20 条信息，时间跨度为 1998 年至 2021 年。对结果分析后发现，2010 年以前，美国与非洲之间的合作内容主要集中在经济领域和安全领域，常与 economic、security、peace 等词语共现。这一现象对应于克林顿政府于 2000 年颁布的《非洲增长与机遇法案》（African Growth and Opportunity Act，AGOA），该法案计划为撒哈拉以南的非洲地区提供单方面的贸易优惠，扩大美国与非洲国家的合作。但 2010 年以后，《报告》对双方的合作内容有了新的拓展，开始转向基础设施建设、能源合作等领域发展，investment 一词也开始频频与 Africa 共现，显示出美国对非投资的日益重视，奥巴马政府所提出的"粮食喂养未来计划"

(Feed the Future)、“电力非洲倡议”(Power Africa Initiative) 也在此期间被提出。特朗普执政后，出于争夺非洲市场的目的，美国在《报告》中加入了诋毁中非合作的内容，“粮食喂养未来计划”升级成为“全球粮食安全战略”，“电力非洲倡议”升级为“电力非洲倡议 2.0”。

中美关系的变迁同样体现在 partner 词族的搭配使用中。将 China、Chinese 作为语境词与 partner 词族搭配对语料库进行分析后，共得到 10 条信息，时间跨度为 1996 年至 2021 年。在这期间，中国在美国国家安全战略中的地位发生了巨大变化，其蕴含的情感色彩从正面转向负面。在 1996—2006 年的《报告》中，“中国”往往以较为正面的形象出现在《报告》中，如“有帮助的伙伴”(1998 年)、“主要伙伴”(2000 年)、“关键地区伙伴”(2006 年) 等，1998 年《报告》甚至提出要建立“建设性的美中战略性伙伴关系”。但 2006 年以后，China 一词便没有再与 partner 词族共现，显示出美国对中国日渐加重的忧虑与提防。China 一词虽然在 2017 年重新与 partner 词族共现，但“中国”不再被看作美国的伙伴国，而是以消极形象出现在《报告》中，如上文所提及的“我们将与合作伙伴一道对抗中国的不公平贸易和经济做法，并限制其获取敏感技术”，① 与此前的《报告》形成了强烈反差。而 2021 年的《临时国家安全战略指导》更是直接提出要“支持中国的邻国和商业伙伴捍卫自己的权利，(使其) 在不受胁迫或不利的外国影响下做出独立的政治选择”。② 美国对中国战略认知的变化既有外部因素的干扰，更有美国内部政治极化的影响。总体而言，随着苏联的解体、美国的相对衰落和中国的崛起，中美结构性矛盾日益凸显。而受新冠疫情全球蔓延和乌克兰危机的影响，在可见的未来，中美关系还将波折不断。

将 Russia 作为语境词与 partner 词族的搭配进行分析后，可以发现，俄罗斯与美国之间的关系同样经历了与中国相似的轨迹。苏联解体后，俄罗斯在 1994 年加入了由美国提议设立的“和平伙伴关系计划”，此后

① The White House, “National Security Strategy of the United States of America,” accessed April 27, 2023, http://nssarchive.us/national-security-strategy-2017/, p. 48.

② The White House, “Interim National Security Strategic Guidance,” accessed April 26, 2023, https://nssarchive.us/white-house-publishes-interim-national-security-strategic-guidance/, pp. 20-21.

随着"9·11"事件的发生，美俄关系逐步升温。在2006年的《报告》中，俄罗斯与中国一道被称为美国的"关键地区伙伴"。在2010年的《报告》中，俄罗斯也被视为可以和美国一同抗击极端主义的伙伴国。但2017年以后，俄罗斯同样从伙伴地位滑落，成为"旨在削弱美国在世界上的影响力，离间我们与盟友和合作伙伴"① 的国家。

3. 合作内容分析

美国及其合作伙伴的合作内容同样具有鲜明的时代烙印及党派特征。在1991年以前的1987年和1988年的《报告》中，里根政府领导下的美国及其伙伴将主要精力放在遏制苏联和社会主义思想的渗透上。如1987年《报告》认为："我们必须意识到，苏联正以多种手段大肆欺瞒公众，进行政治宣传，目标不仅在第三世界国家，更在我们及我们的盟友。"② 而苏联解体后，美国将重点放在构建新型世界秩序、推行西方民主制度与价值观以及提高美国在军事、经济等领域的影响力等方面，如1991年《报告》提出"与我们结盟的国家仍是我们建立新型世界秩序最密切的伙伴"；③ 1997年《报告》指出，"美国坚决支持欧洲一体化进程，并寻求加深我们与欧盟的经济伙伴关系"。④ 虽然美国面临的外部压力在苏联解体后大幅减轻，但由于1991年海湾战争的爆发，地区冲突尤其是中东问题仍然是美国时刻关注的重点。

2001年"9·11"事件使得美国及其伙伴迅速将国家安全战略目标转移到打击恐怖主义及军事合作上，几份《报告》均显示出这一趋势，如2001年《报告》指出，"未来几年的主要目标是加强这一领域（传统

① The White House, "National Security Strategy of the United States of America," accessed April 21, 2023, http://nssarchive.us/national-security-strategy-2017/, p. 25.

② The White House, "National Security Strategy of the United States," accessed April 23, 2023, http://nssarchive.us/national-security-strategy-1987/, p. 1.

③ The White House, "National Security Strategy of the United States," accessed April 21, 2023, http://nssarchive.us/national-security-strategy-1991/, p. 13.

④ The White House, "A National Security Strategy for a New Century," accessed April 21, 2023, http://nssarchive.us/national-security-strategy-1997/, p. 26.

军火及技术）的全球控制，同时方便向盟友及联盟伙伴的出口”；[①] 2002年《报告》指出，“当暴力爆发、国家步履蹒跚时，美国将与朋友和伙伴合作以减轻苦难并恢复稳定”。[②]

2010年及2015年的《报告》显示，与小布什政府相比，奥巴马政府受2008年国际金融危机的影响，扩大了国家利益的内涵。在此届政府颁布的两份《报告》中，国家利益包括了经济、普世价值、安全与国际秩序四个方面的内容。同样，“威胁”一词的含义也得到扩充，相较于前任政府，“恐怖主义”从以前的“首要威胁”下调至“重要威胁之一”，与地区武装冲突、流行性疾病、气候变化和跨国犯罪等一同作为美国所面临的威胁出现。奥巴马政府领导下的美国与其盟友及合作伙伴的合作内容呈现出多样化的特点，如抗击埃博拉病毒、艾滋病病毒，打击恐怖主义，解决地区贫困问题等。

2017年，随着特朗普就任美国总统，美国及其伙伴合作的内容发生了较大变化。首先，如图1所示，2017年的《报告》中partner词族的使用达到了几十年来的最高峰，而ally词族也达到了与2001年《报告》大致相当高的使用频率。结合特朗普政府始终强调的“美国优先”主张以及其在新冠疫情期间反复“退群”的做法来看，其对partner词族与ally词族的高频使用并非出于对美国领导世界的渴求，相反，这一语言现象传递出，与前任政府相比，特朗普政府更希望其盟友及伙伴国更多地承担维护全球秩序的责任。其次，特朗普执政期间，美国与其伙伴国的合作内容相较于奥巴马政府出现了较大差异，最为显著的一点便是将对抗中俄的重要性摆在了遏制恐怖主义之上。《报告》中明确出现了支持、联合伙伴国对抗中国的表述，且“中国”一词开始在《报告》中与负面内容相联系，并一直持续到2021年的《临时国家安全战略指导》中。

---

① The White House, “A National Security Strategy for a Global Age,” accessed April 21, 2023, http://nssarchive.us/national-security-strategy-2000/, p. 42.

② The White House, “National Security Strategy of the United States of America,” accessed April 21, 2023, http://nssarchive.us/national-security-strategy-2002/, p. 9.

四、结语

通过分析美国《国家安全战略报告》和《临时国家安全战略指导》中 partner 词族的搭配特征，本文发现：第一，partner 词族的使用频率与美国所面临的外部压力、执政党派相关，外部压力越大，partner 词族的使用频率越高，主要体现为冷战时期、“9·11”事件后以及中美贸易摩擦时期 partner 词族的三次使用高峰；与此同时，民主党执政时期 partner 词族的使用频率显著高于共和党执政时期，相较于共和党，民主党更注重维护美国建立的多边机制和同盟安全体系。第二，随着经济全球化的发展，partner 词族的使用频率超过了 ally 词族，显示出全球化进程、和平与发展潮流的影响。第三，在合作伙伴方面，美国在世界范围内所提及的主要合作伙伴为欧盟、日本、韩国、泰国、菲律宾、印度和以色列，而随着近年来非洲的发展，美国对非洲的重视程度也在不断加深，此外，中国和俄罗斯曾被美国视为重要合作伙伴，但随着国际格局的变化而逐渐被置于美国国家安全战略的对立面上。第四，在合作内容方面，美国与其伙伴国的合作内容主要受时代背景的影响，总体来说经历了从两极争霸到打击恐怖主义，再到遏制中国崛起的三个主要阶段。可以预见的是，随着中美之间结构性权力之争的加剧，中美关系在未来仍将波折不断。